信息环境下物理课堂观察与量化

陈庆军　吴能平 ◎ 编著

安徽师范大学出版社

·芜湖·

责任编辑:孔令清

装帧设计:黄 洁 任 彤

图书在版编目(CIP)数据

信息环境下物理课堂观察与量化/陈庆军,吴能平编著.—芜湖:安徽师范大学出版社,2017.11

ISBN 978-7-5676-2905-9

Ⅰ.①信… Ⅱ.①陈… ②吴… Ⅲ.①中学物理课—教学研究 Ⅳ.①G633.72

中国版本图书馆CIP数据核字(2017)第113980号

信息环境下物理课堂观察与量化

陈庆军 吴能平 编著

出版发行:安徽师范大学出版社

芜湖市九华南路189号安徽师范大学花津校区

网　　址:http://www.ahnupress.com/

发 行 部:0553-3883578　5910327　5910310(传真)

印　　刷:虎彩印艺股份有限公司

版　　次:2017年11月第1版

印　　次:2017年11月第1次印刷

规　　格:700 mm×1000 mm　1/16

印　　张:11.5

字　　数:200千字

书　　号:ISBN 978-7-5676-2905-9

定　　价:33.80元

序

  课程改革已进行了很多年,很多教师在课程改革中进行了大胆的尝试,取得了很好的教学效果。近几年来,各校对教学中存在的问题,也进行了课题研究,解决了很多教学中单个教师无法解决的问题,而且一些研究成果公开发表于专业杂志上,并被转载,这对我县的教学和教研工作有极大的促进作用。

  毋庸置疑,在信息技术和学科教学的整合中,还存在着一些不尽如人意的地方。如开始阶段,教师的积极性很高,觉得这种教学方式很新奇。于是,不论问题的大小,不论是否需要,千篇一律地运用信息技术,差不多把信息技术当作一种表演的工具。最终,导致信息技术与教学整合流于形式,也就是说信息技术使用有点过滥。有的教师用多媒体完全代替黑板,幻灯片完全代替板书;有的教师完全用虚拟来模拟实验,或者用演示实验的录像完全代替演示实验。教师们挖空心思地运用现代化教学手段,处心积虑地把课本的内容以声、像、动画的形式展示给学生,甚至想运用电脑等现代化手段达到"海纳百川"的程度,设计出饱含天文、地理、社会、生活等一切知识的教案,来体现新课改的理念。但经过几年的实践,很多教师认为这种做法的效果并没有那么神奇,早期的热情悄然逝去,还有的教师竟得出多媒体辅助教学是"费时费力劳民伤财而又没有作用的花架子"的结论。所以,一些教师又回到了传统的教学方式中,基本上不再使用多媒体辅助教学,只是在教学比赛和公开课上使用,似乎是用其来表演的。

  有一些教师开始思考:为什么使用多媒体辅助教学效果不佳呢? 这里面有没有最佳结合点? 如何才能在信息环境下使课堂教学最有效呢? 信息环境下有效教学的策略和方法又是什么呢? 如何对课堂进行观察并量化呢?

  这一系列问题的解决,迫切需要我们进行课题研究。研究人员先是对早期使用多媒体辅助教学进行了回顾和反思,发现了问题的症结,即在使用过程中,过分追求了场面上的热闹,过多强调了容量的大小、色彩的华丽、动画的效果,没有给学生思考的空间,没有给学生自主构建知识的机会。

找到了问题的症结,研究人员开始考虑课件的容量、色彩,对学生思考的时间进行了规划,并选择了物理这门学科进行了课堂有效教学研究。本课题的研究者都是一线物理教师,熟知学校中真实的教学环境,而且中学物理这门学科具有非常的典型性。当然,研究中的一些做法和结论,对于其他学科的教学也很有借鉴作用。

研究者先明确了研究思路,即从理论和实践两方面探讨信息技术环境下物理有效教学的策略和方法。首先认真研究有关有效教学的理论和前人的实践探索;接着对本地区信息技术环境下物理教学进行调查,对高效与低效的课堂教学进行比较分析,提出信息技术环境下物理有效教学的策略和方法;然后按照这些策略和方法进行教学实验,在本地区选择实验班,按照提出的策略和方法进行教学,并对采用的教学方式进行事先设计好的五个方面的观察;再通过实验前后的成绩分析、问卷调查、访谈等方式,评价前面提出的信息技术环境下物理有效教学的策略和方法对提高课堂教学和学生学习的有效性。

研究者采用以下方法进行研究:(1)查阅文献资料,对与本课题相关的研究作了文献梳理,借鉴前人的研究成果;(2)编制调查问卷,对信息技术在物理教学中的应用效果和学生反应情况进行问卷调查,了解信息环境下物理教学存在的问题,并对其进行归纳总结;(3)根据存在的问题,研究制订信息技术环境下物理有效教学的策略和方法;(4)根据制订的策略和方法,进行课堂观察的研究,再对策略和方法进行完善;(5)根据修订的策略和方法在两所学校选择实验班进行课堂教学实践的研究,检验所提出的策略和方法的有效性,并进一步完善;(6)编制访谈问卷,对实验班的学生进行访谈,了解学生对使用其策略和方法进行教学的效果和反应情况,并加以总结;(7)对研究的成果进行提炼,形成结论。

研究者通过几年的实践,获得了丰硕的成果:(1)探索了信息环境下物理有效教学的策略和方法;(2)提高了教师的教学技能和理论水平,提高了物理教学的效果;(3)探索了信息技术环境下指导学生有效学习的策略和方法,提高了学生学习物理的效果;(4)掌握了观察课堂教学的要点和方法,并使其量化。

随着时代的发展,在全球化和信息化的背景下,以往传统意义上的只为学习知识和技能的教育已不符合时代的要求。那么在新的历史条件下,为了学生自身的发展,并能更好地适应社会发展的要求,哪些知识、能力与态度才是学生必须要具备的呢? 我们期望更多的教师参与进来,为学生今后的终身发展做出应有的贡献。

希望课题组继续深化研究,完善研究过程中的不足之处,完备在信息环境下有效教学的策略和方法,并使之上升到理论层面,为其他学科的教学起借鉴和示范作用,为我县教学质量的提升,做出更多的努力!

虽然本书是在省级课题"信息技术环境下物理有效教学的策略和方法的研究"基础上通过筛选、整理而成的,但其中有很多篇幅是作者多年来研究教学的成果。这些成果大多发表在物理期刊上,并且有多篇幅被人大资料中心转载。从研究的成果上看,本书有很多教育、教学思想,可以为其他学科借鉴。

傅时金

2017年11月

目　录

前　言

　　20世纪90年代,我国教育界第一次提出了信息技术与课程资源的整合。我国《基础教育课程改革纲要(试行)》中明确指出:"大力推进信息技术在教学中的普遍应用,促进信息技术与学科课程的整合。"这一要求的出台,使得信息技术在教育中的应用受到人们的普遍重视,尤其是在中小学教学中。教学大赛、校内外公开课、观摩课和研讨课,几乎都运用了信息技术,若是这种课没有使用信息技术,授课教师肯定会受到诸多诘难。信息技术尤其是多媒体辅助教学以其独特的功能、动态的视听效果、直观的形象、超大的容量,集中了学生的注意力,激发了学生的学习兴趣。然而,随着信息技术在教学应用中的不断深化和拓展,有些教师开始意识到,它的教学效果似乎没有最初想象的那么神奇。很多教师对多媒体的使用热情下降了,不到迫不得已时,不再使用多媒体辅助教学,而是又回到了传统的教学方式方法上。一些教师开始冷静地思考信息技术与学科整合的过程中,为什么会出现这种先热后冷的现象,为什么课堂上用起来轰轰烈烈而教学效果却不尽如人意。通过较长时间的思考,人们发现信息技术在教学中的应用还存在着诸多的问题,如大容量问题、强刺激问题、印象不深问题等。如不能处理好上述问题,信息技术在与学科整合的过程时,教学不仅不能取得良好的效果,反而会产生负面的影响。正是基于此,几个志同道合的教师发起并成立了一个研究小组,准备来研究这个问题。在最初的研究过程中,研究小组根据讨论的情况写了一份完整的报告,后又作为一个省级课题向省教育科学领导小组提出申请并获得了批准。课题的批准,为研究小组注入了强劲的动力。

　　研究小组对信息技术在物理教学中的应用进行了调查和观察,力图找出传统课堂教学和信息环境下课堂教学有什么不同? 优缺点在哪里? 为什么教师在使用一段时间的多媒体辅助教学后,就突然索然无味,没有了兴趣? 使用多媒体教学,为什么达不到预期的教学效果? 问题出在了哪里? 为了将这些问题研究得深入透彻些,许多成员加入了进来。经过多次讨论,研究者决定把视野再扩大些,在研究上述问题的同时,关注在信息环境下怎样提高教学的有效性。

研究小组多次观察不同形态的课堂教学,特别是信息环境下课堂教学和传统课堂教学上的差异,研究量化观察指标,找出信息环境下如何掌握好"篮子"中质和量的问题,为教师自觉自愿地使用多媒体辅助教学提供一些行之有效的手段。只有多媒体辅助教学激发了学生的学习兴趣,提高了教学质量,教师才会积极地使用多媒体辅助教学。

调查发现:实际课堂教学中教师很少使用信息技术进行教学,只有在教学比赛或公开课中才使用。即便如此,信息技术的使用大多限于代替板书、显示动画,或者增大课堂教学的容量。研究者在调查中还发现:在传统教学中,教师注重知识的传授,而在多媒体辅助教学中,不仅没有改变这个现象,反而由于信息技术的应用得到了加强。人们把更多的知识利用信息技术的便利条件灌输给学生,让学生强化记忆,强化训练。这不仅背离了新课程改革的目标,也违背了学生的学习规律,显然轰轰烈烈的背后,学生大都吃了"夹生饭",教学的效果便可想而知了。于是,有些教师开始怀疑信息技术在教学中的应用效果,这是很多教师弃之不用的原因之一。

随着马鞍山市教育信息化三年行动计划的实施,各学校信息技术的条件有了大幅度改善,交互式电子白板几乎普及,校园网络也已开通。后来,研究者对交互式电子白板的使用情况做了调查,发现技术的更新并没有带来教学理念、教学方式的更新,多数人还停留在多媒体课件播放的阶段,交互式电子白板的交互式功能也很少得到应用。即使有使用交互式电子白板的,也就是用其中的白板笔代替了粉笔,所以交互式电子白板的教学功能远没有被开发和利用,网络教学更谈不上了。

回顾与反思信息技术在教学中的应用,不难发现,信息技术环境的改善并没有带来教学理念和教学方式的迎头跟上,而是教学观念的改变滞后于技术的进步。另外,信息技术在实际教学中有被过度使用甚至于不当使用的倾向。一些教师不顾学生的接受能力,利用信息技术的优势随意增加课堂教学的容量,一节课只见教师站在讲台上不停地点击鼠标。也有一些教师片面追求课堂的气氛,大量地使用画面色彩华丽的视频动画,上课就像看了一部电影一样,场面热闹非凡。但是,课堂上气氛热闹,学生的学习是否有效呢?实际上恰恰相反,学习需要静静地思考,需要学生凝神静听,这样所学习的知识才能内化到自己的大脑中。还有一些教师为了追求直观形象,大量使用三维动画,形象是逼真了,但降低了学生空间想象的难度,以至于学生一看就懂。但是,学生真的理解了吗?另外,教育的目的不是让学生记住所学的知识,而是通过知识学习的载体培养学生的思维能力。直观手段的过度使用降低了对学生抽象思维能力的要求,长期使用会给学生带来抽象思维能力发展不足。因此,信息技术在教学中的应用,不是多多益善,而是需要一些有效的与学科融合的策略和方法。

陈庆军

2017 年 11 月

第一章　有效教学的相关概念简述

第一节　教学与有效教学

一、教　学

2012年第6版《现代汉语词典》把教学定义为"教师把知识、技能传授给学生的过程"。王策三教授认为,所谓教学乃是教师教、学生学的统一活动。顾明远教授认为,教学是以课程内容为中介的师生双方教和学的共同活动。高文慧认为,教学的目的是维持或者促进学生学习,是教师引起的行为。她还认为,教学应该关注以下三个方面:一是了解学生的学习心理,激发学生的学习兴趣,让学生从应该学变为想要学;二是教学中明确指出学生学习需要达到的目标,让学生明白要学什么,学到什么程度,这样学生才能更好地有意识地主动参与;三是教师要采取学生易于理解的方式,这样学生才能听清听懂。崔允漷教授认为,教学是指教师引起、维持或促进学生学习的所有行为。它的逻辑必要条件主要有三个方面:一是引起学生学习的意向,即教师首先需要激发学生的学习动机,教学是在学生"想学"的心理基础上展开的;二是指明学生所要达到的目标和所学的内容,即教师要让学生知道学到什么程度以及学什么,学生只有知道了自己学什么或学到什么程度,才会有意识地主动参与;三是采用易于学生理解的方式,即教学语言有自己的独特性——让学生听清楚、听明白,因此,需要借助一些技巧,如重复、深入浅出、抑扬顿挫等。如果教师在讲课时不具备这些条件,那么,即使教师教得十分辛苦,也不能称之为真正的教学。

二、有效教学

高慎英认为,凡是能够有效地促进学生发展,有效地实现预期教学结果的教学活动,都可称之为有效教学。

宋秋前认为,有效教学是师生遵循教学活动的客观规律,以最优的速度、效益和效率促进学生在知识与技能、过程与方法、情感态度与价值观"三维目标"上获得整合、协调、可持续的进步和发展,从而有效地实现预期的教学目标,满足社会和个人的教育价值需求而组织实施的教学活动。

张大均认为,我们常常讲"关注学情、因材施教",就是倡导教师要研究学生的实际情况,让学生的学情来决定教师的教学,让学生的学法决定教师的教法,教学能从学生的学情出发,研究学生的学法特点,努力让教法适应学生个体的学习和发展要求,这样的教学才是真正的有效教学。

姚利民认为,有效教学是教师通过教学过程的合作规律性,成功引起、维持和促进学生的学习,相对有效地达到预期教学效果的教学。有效教学的教学效果是指学生的进步和发展,预期教学效果是指学生的进步和发展吻合教育目标、符合特定社会和受教育者(学生)的教育需求,相对有效地达到是指用尽可能少的教学投入获得尽可能多的教学产出。教学过程合规律性和成功引起、维持、促进学生的学习是有效教学实现的条件。

崔允漷等学者认为,所谓"有效",主要是指通过教师在一段时间的教学之后,学生所获得的具体的进步或发展。也就是说,学生有无进步或发展是教学有没有效益的唯一指标。教学有没有效益,并不是指教师有没有教完内容或教得认真不认真,而是指学生有没有学到什么或学生学得好不好。如果学生不想学或者学了没有收获,即使教师教得很辛苦也是无效教学。同样,如果学生学得很辛苦,但没有得到应有的发展,也是无效或低效教学。

第二节　策略与教学策略

一、策　略

2012年第6版《现代汉语词典》对策略的解释是:①根据形势发展而制定的行动方针和斗争方式;②讲究斗争艺术;注意方式方法。1996年版《朗曼当代英语分类词典》对策略的解释为,策略主要指为了对付战斗中的敌人而实施军事命令的技术和艺术。从以上可以看出,策略具有目标性、计划性,同时又具有一种类似艺术的、在具体情景中显示直觉性特征的行动方式。

心理学界在认知研究中也常常提到策略。加涅认为,认知策略是学习者用以调节自己内部注意、记忆、思维等过程的技能,其功能在于调节与控制概念与规则的使用。布鲁纳在研究概念获得的策略时认为,策略是指学生为达到某种目的,在习得、保持和利用信息的过程中决策的方式。

二、教学策略

邵瑞珍认为,教学策略是教师在教学过程中,为达到一定的教学目的而采取的相对系统的行为。美国学者埃金等人认为,教学策略就是根据教学任务的特点选择适当的方法。李晓文、王莹等人认为,教学策略具有动态的教学活动维度和静态的内容构成维度。在动态的教学活动维度上,它是指教师为提高教学效率而有意识地选择筹划的教学方式方法与灵活处理的过程。

崔允漷认为,教学策略就是指教师为实现教学目标或教学意图而采用的一系列具体的问题解决行为方式,它分为教学准备策略、教学实施策略与教学评价策略。

第三节　信息技术与信息技术环境

一、信息技术

联合国教科文组织对信息技术的定义是:应用在信息加工和处理中的科学、技术与工程的训练方法和管理技巧,上述方法和技巧的应用,计算机及其与人、机的相互作用,与之相应的社会、经济和文化等诸种事物。

南国农教授从系统论出发,认为信息技术应当是对信息的采集、加工、存储、交流、应用的手段和方法的体系。

申艳光认为,信息技术的内涵包括两个方面。一方面是手段,即各种信息媒体,是一种物化形态的技术。例如印刷媒体、电子媒体、计算机网络等。另一方面是方法,即运用信息媒体对各种信息进行采集、加工、存储、交流、应用的方法,是一种智能形态。

陈琦、刘儒德认为,所谓信息技术,是指与获取、传递、再生和利用信息有关的技术。具体地说,是以微电子技术、通信技术、计算机技术为主干,结合集成电路技术、光盘技术、机器人技术和高清晰度电视技术等的综合技术。

我们所涉及的信息技术是指能够为课堂教学服务的,利于学生学习的,促进教师教学的多媒体计算机技术和网络通信技术。它主要是计算机、网络等各种硬件设备及软件工具,对图文、声像各种信息进行获取、加工、存储、传输与使用的技术之和,其他技术限于我们的研究范围不含在其列。

二、信息技术环境

信息技术环境就是一个场所,在这个场所中人们可以自由地实现信息的获取、传递,并对信息进行处理,实现信息的再生和利用。

学校中的信息技术环境是指应用现代信息技术构建的多种教学环境,如多媒体教室、电脑网络教室、电子阅览室、校园网、基于Internet网的远程学习系统等。用于支持教与学的信息技术环境大致可分为两种：一种是班级授课制下的信息技术环境，有多媒体教室、电脑网络教室；另一种是非班级授课制下的个别化远程学习环境，如学校、图书馆的电子阅览室、学生家庭电脑、公共网络设施（如网吧）等。本书所言的信息技术环境就是指班级授课制下的信息技术环境。

第四节　国内外研究的现状

一、国外研究现状

有效教学作为一种理念，源于20世纪上半叶西方的教学科学化运动。特别是受美国实用主义和行为主义心理学影响的教学效能核定运动之后，这一概念频繁地出现在英语教育文献之中，引起了世界各国同仁的关注。起初，人们关注教师的教学有效性是因为认为教师拥有某些特点，特别是人格特征或品质，因而教师教学有效的研究侧重于研究这些特征或品质。自20世纪60年代起，有效教学的研究从关注教师的人格特征转向着重研究教师的有效教学行为。20世纪60年代和70年代初的有效教学研究几乎都是以"场景—过程—结果"三个维度作为基本框架的。20世纪80年代，有效教学主要关心某种教学活动怎样促成了理想的学生学习。1999年，美国学者杨和肖（S.Young & G.Shaw）的研究表明，判断教学有效性的行为标准有七项，它们是：课程的价值，激励学生，合理组织教学内容，有效地与学生交流与沟通，营造愉快的学习气氛，关心学生的学习，完全尊重学生。

二、国内研究现状

我国有效教学研究始于20世纪80年代，经过多年的研究取得了丰硕成果。一是以钟启泉、崔允漷等为代表的学者认为，有效教学中的"效"主要指效益，有效教学是寻求教学效益的活动，有效教学研究的核心问题是如何提高教学效益。二是以陈厚德为代表的学者把有效教学规定为三个方面：①促进学生的学习和发展是有效教学的根本目的，也是衡量教学有效性的唯一标准；②激发和调动学生学习的主动性、积极性和自觉性是有效教学的出发点；③提供和创设适宜的教学条件促进学生形成有效的学习是有效教学的实质和核心。三是以龙宝新和陈晓端为代表的学者从表层（有效教学是一种教学形态）、中层（有效教学是一种教学思维）、深层（有效教学是一种教学理想）三个层面来全面理解有效教学的内涵，认为有效教学是一个动态的转化过程：从有效的教学理想转化成有效的思维，再转化为有效的状态。有效教学重在通过"教"，使教学的过程"有效"，而非以教学效果为核心。有效教学不仅要使学生从学业成绩这一"效果"中解放出来，给学生以发展的空间，更要使教师从"效果"中解放出来，使教学成为教师专业发展的平台。

在有效教学研究中，最受关注的是教学策略，其研究成果主要集中在中小学有效教学策略的研究上。有学者认为，有效教学的策略包括教学准备策略、教学实施策略和教学评价策略三种；也有学者认为，关注学生、关注学生的个体差异、关注学生学习、关注师生交流和平等合作是有效的教学实施策略；亦有学者指出，有效教学策略是一个多元化的策略体系，包括有效的课堂环境策略、有效的组织和实施教学的策略、开展课堂教学评价的策略和应用教学技术的策略。

综上所述，有效教学的研究经历了从关注教师的人格特征、教师的教学行为，到关注促进学生的学习和发展、教师的发展这么一个发展的过程。教学策略的研究主要集中在激发学生的学习动机、创设良好的氛围、关注学习方法和注重师生交往几个方面。从这些研究中不难看出，宏观层面的研究较多，但较少能引起中小学教师的关注，而且具体到某学科的教学有效性、教学策略的研究比较少见，尤其是信息技术环境下学科有效教学及有效教学的策略和方法的研究少之又少。

关于信息技术在教育教学中的应用，我国与西方国家相比显得较为滞后。1998年，我国教育界第一次提出了"课程整合"的概念。2000年10月，教育部部长陈至立在全国中小学信息技术教育工作会议上发表讲话，提出要"努力推进信息技术与其他学科的整合"，从而第一次从政府层面提出了"课程整合"的概念。我国《基础教育课程改革纲要（试行）》中明确指出：大力推进信息技术在教学中的普遍应用，促进信息技术与学科的整合，逐步实现教学内容的呈现方式、学生学习方式、教师教学方式和师生互动方式的变革,充分发挥信息技术的优势,为学生学习和发展提供丰富多彩的教育环境和有力的工具。因此,研究在信息环境下的有效教学的策略和方法,在信息技术蓬勃发展的今天,显得尤为迫切和重要。

第五节　研究的理论依据

一、建构主义学习论

建构主义者认为,知识是学习者的经验建构的结果,是学习者在一定的社会文化背景下,借助他人的帮助,利用必要的学习资料,通过意义建构的方式获得的;学习是根据自己的意念和价值观对客体或事件进行解释的过程,是一种主动的意义建构的过程;学习发生于与学习者相关的情景中,是通过协作吸收多种观点的过程;学习的激励因素是认知冲突或疑问,决定着学习内容的性质和组织。建构主义者教学观强调:必须使学生通过积极学习活动形成新的认知结构,因为只有在形成认知结构的基础上,知识的学习才是有意义的。其主要的教学原则是:建构的过程要引导学生去发现原有的认知结构与新知识之间的不和谐性,然后主动改变之;知识学习的认知建构发生于具体的情景之中,因为在具体的情景中能够使学生感受到知识的意义;认知建构还产生于集体的积极商讨过程中。

二、信息加工学习论

信息加工学习论以计算机为模拟,把人的认知加工过程类比为对信息的输入译码和编码、储存、提取和加工控制等环节。信息加工心理学认为,人的记忆有瞬时、短时、长时三个子系统,不同子系统的记忆在信息保持时间和储存容量方面有一定的限度。记忆系统的有限性,限制了信息加工的能量,使得我们对外界信息的注意和思维不能随心所欲,而必须适应它的特点。信息加工理论认为,认知加工的基本能力主要是自动化和编码。自动化是指用越来越少的注意来执行认知加工的一种能力。自动化产生于对经常出现的信息的保存,也就是说,自动化加工形成的条件是信息的经常出现。这对于教学的意义在于,在学习的初始阶段,信息的反复出现既是适应于学习者认知结构的有限特征,又为自动化形成所必须。编码是把信息按照一定的形式或一定的类别重新组织。

三、教学最优化理论

教学最优化是以最小的代价(资源、时间等的投入)得到最令人满意的效益(产量、质量等的产出)。巴班斯基认为教学最优应从这几方面着手:首先,在教学任务上,最优化要做到明确教学和发展的目标,了解学生的准备状态,把教学任务具体化;其次,在教学内容上,最优化要做到分析教材中主要的和本质的东西,确保学生能掌握这些教学内容;第三,在教学方法上,最优化要选择能有效地掌握所学的内容、完成教学任务的模式,针对不同的学习者进行有区别的教学;第四,在教学进度上,最优化要做到确定适当的教学步调、速度,既完成教学任务又节省时间;第五,在分析教学效果上,最优化要对教学结果做科学的测评、分析、解释。巴班斯基提出优选教学内容的七条标准:一是教学内容的完整性,二是教学内容的科学价值和实践价值,三是突出主要的、本质的东西,四是教学内容必须符合各年级学生的可能性,五是教材安排必须符合规定给该教材的时数,六是考虑内容的国际水平,七是内容符合当前教师的可能性和学校教学物资设备的可能性。巴班斯基还提出评价教学过程最优化的两条基本标准:一是效果标准,即每个学生在教学、教育和发展三个方面都要达到他在该时期内实际可能达到的水平;二是时间标准,即学生和教师要遵守规定的课堂教学和家庭作业的时间定额。

第六节　理论对研究的启示

建构主义的学习理论认为:教学中可以利用信息技术环境下的图文视听

等功能创设类似于真实的情景,让学生在具体的情景中学习。传统的讲授式教学形式过于单一,学生接受知识只有单一的听觉通道,教学效果不甚理想。按照建构主义教学观,可以利用信息技术的优势,发挥学生各种视听功能的作用,采取形式多样的学习活动形式,从而提高课堂教学效率。同时,利用信息技术优势,利用思维导图形成知识网络结构,把知识结构化。在具体教学中,可以在每节课后,把本节知识点用思维导图展示出来,把分散的知识联系起来;章节复习可以让学生自己绘制本章知识结构,挑选优秀的用投影仪展示。教师也可以用幻灯片展示自己对本章知识理解的知识结构,然后让学生对比。这样可使学习的知识系统化、结构化,可以提高知识提取的效率。建构主义强调,知识的学习是通过协作、小组合作等形式。这可以作为提高物理课堂教学效率的一项有用的策略。在信息技术环境下,利用图片、视频的引导或示范,可以更有效地开展小组合作学习。但目前信息技术在物理教学的应用存在着一种泛滥的趋势,好像用得越多越好。有些教师在制作课件时盲目地扩大课堂教学的容量,一节课播放幻灯片能有三四十张,每张幻灯片上都密密麻麻地布满了字。这与信息加工理论完全背道而驰。

信息加工理论认为:首先,人对陌生的信息短时记忆容量只有七个单位,超过这个量,人脑就来不及进行加工,信息就不能进入长期记忆中去,很快就会被遗忘。这就要求我们教师在制作课件时要充分考虑人的记忆规律和学生的接受能力。一堂课该有多少张幻灯片,每张幻灯片上有多少字,都应该有个度或要求,要接受信息加工理论的指导。其次,自动化加工形成的条件是信息的经常出现,这一点在信息技术的应用中被忽视了。教师在上课时,播放幻灯片就像是放电影,一幕一幕地闪过,很少重复出现,这是不利于信息加工的,主要的内容应该要有回放或者在黑板上板书,让它重复出现在学生大脑里。借助于信息技术,可以把零散的知识联系起来,形成一定的知识结构,或把新旧知识进行对比,或把相似的概念放在一起进行比较,这有利于知识在学生头脑中进行编码,形成新的知识结构。

教学最优化理论认为:教学要有明确的目标。在课堂教学伊始,就要利用课件把本节课的教学目标展示给学生看,让学生心中有数。在教学内容的选取上,互联网为物理教学提供了丰富的教学资源,有文字的、图片的、动画的、视频的、音频的等。在这海量的资源中,教师应遵循最优化的原则,精选教学内容,抓住本质的、主要的以及符合学生认知水平的东西。信息技术与物理学科融合,实践中易出现的问题就是课堂教学的容量被随意增加,课堂教学的节奏被迫加快,教师们往往追求课堂的华丽、热闹和活跃的气氛。那么容量大了,教学速度快了,教学是否就是最优化的? 未必! 只有针对不同的学习者,采用与学习者水平相适当的教学步调和速度,才可能是最优化的。

第二章　信息技术在物理教学运用中的调查

信息技术在物理教学中的应用已有些年头,是非好坏有不同的看法。毛主席曾说:没有调查就没有发言权。本章基于教学的需要选取信息技术在物理教学运用中的两个方面开展调查:一是信息技术在物理教学运用中学生的反应,二是信息技术在物理教学运用中的效果。通过调查分析,我们掌握了第一手的数据资料,用数据说话,用事实说话,避免主观评判。

第一节　信息技术在物理教学运用中学生的反应调查

在与一些教师的交流中发现,一些教师认为信息技术在物理教学运用中的效果并不好,甚至有的教师还振振有词地说:曾经做了一些对比,在物理教学中运用信息技术,课后学生做作业时遇到上课讲过的题目,多数人还是不会做,最后老师只好重讲,不用信息技术上课的教学效果要好得多。姑且不论这些教师是如何使用信息技术的,就教学效果而言,这是根据教师的感觉,还是根据学生的反应做出的判断? 诚然,教学的对象是学生,教学的目的是促进学生的发展,应该依据学生的反应来评价教学效果的好坏,而不能仅从直觉上主观判断。所以,评价教学效果需要客观地去分析,这就需要有客观评判的依据。

一、问卷的编制

研究人员对信息技术在物理教学运用中学生的反应作了评估,对可能存在的反应做了一定了解;然后在×××网站上检索相关的调查问卷,选择一份与研究小组相吻合的调查问卷为基础;再组织课题组成员进行讨论、修订,经多次研讨,编制出一份信息技术在物理教学运用中学生反应的调查问卷。问卷总共20道题,每题的选项都采用李克特式五点量表法,因为五点量表法易于操作。

问卷编制好后,进行预测试,测试的数据录入Excel。用统计软件Spss11.5进行探索性因素分析,KMO值为0.887,Bartlett球形检验的卡方值为964.520,显著性概率$P<0.01$达到显著,说明问卷适合进行因素分析。选择特征值大于1的变量,把小于1的变量删除。这样原问卷20道题删除9道题,保留11道组成新问卷。再用统计软件Spss11.5对新问卷进行信度检验,其信度系数为0.825 5,说明新的问卷具有良好的信度。

二、调查对象及统计工具

在当涂县第一中学、当涂县第二中学高二年级各随机选择三个班,共290名学生,对其进行问卷调查。选择高二学生进行抽样调查的原因是:高三年级面临高考,教学任务重,应试的成分较多,上课主要是复习,信息技术使用率不高;高一年级刚进入高中,很多学生来自农村,农村初中信息化条件较低,对信息技术接触较少;高二年级在校近两年,老师上课时应用信息技术教学相对较多,且高二学生对信息技术与物理学科的整合有更多的了解。课题组共发放问卷290份,有效回收280份,回收率为96.6%。数据录入Excel,用统计软件Spss11.5进行统计分析。

三、调查结果及分析(见附录1)

第1题:36.8%的人选"一般",36.8%的人选"符合",12.1%的人选"非常符合",14.2%的人选"不符合"和"非常不符合"。数据说明,认可的人占48.5%,几乎占一半,不认可的人只占14.2%。就此题而言,从学生的反应看,学生是比较满意的。

第2题:35.0%的人选"一般",33.2%的人选"符合",12.5%的人选"非常符合",19.3%的人选"不符合"和"非常不符合"。数据说明,认可的人达45.7%,也接近一半。总体而言,这表明多数学生喜欢老师在物理教学中应用信息技术。

第3题：47.5%的人选"一般"，28.9%的人选"符合"，12.9%的人选"非常符合"，10.7%的人选"不符合"和"非常不符合"。数据显示认可的人占41.8%，不认可的人虽然只占10.7%，但不表明态度的人占了47.5%，几乎达到一半。这些数据说明，多媒体虽然有很多优点，但对学生学习更多的知识似乎并没有多大的帮助，至少它不是肯定地发挥作用。

第4题：38.2%的人选"一般"，31.8%的人选"符合"，16.8%的人选"非常符合"，13.2%的人选"不符合"和"非常不符合"。数据显示，信息技术对知识的记忆与巩固有48.6%的人认为有效，只有13.2%的人认为作用不大。

第5题：36.0%的人选"一般"，37.9%的人选"符合"，17.9%的人选"非常符合"，8.2%的人选"不符合"和"非常不符合"。数据显示，有55.8%的人认为信息技术在物理教学应用中能够增强学习的兴趣，只有极少数人认为无效。

第6题：32.9%的人选"一般"，44.3%的人选"符合"，13.9%的人选"非常符合"，8.9%的人选"不符合"和"非常不符合"。数据表明，多媒体制作的课件对学生还是具有很大的吸引力，有58.2%的人选择喜欢。

第7题：25.4%的人选"一般"，8.2%的人选"符合"，4.3%的人选"非常符合"，62.1%的人选"不符合"和"非常不符合"。选择"不符合"和"非常不符合"的人占62.1%，表明大多数人认为信息技术在物理教学中应用对学习是有帮助的，只有极少数人认为没有帮助。

第8题：23.9%的人选"一般"，35.7%的人选"符合"，34.6%的人选"非常符合"，5.7%的人选"不符合"和"非常不符合"。数据说明，学生是非常喜欢看动画、视频的，它们对教学有很大的促进作用。

第9题：32.1%的人选"一般"，46.1%的人选"符合"，14.6%的人选"非常符合"，7.1%的人选"不符合"和"非常不符合"。它表明多数学生对教师在物理教学中使用信息技术是比较满意的。

第10题：34.3%的人选"一般"，27.9%的人选"符合"，16.8%的人选"非常符合"，21.0%的人选"不符合"和"非常不符合"。它表明有些学生喜欢课件切换有提示音，也有一部分学生不喜欢。

第11题：28.6%的人选"一般"，38.2%的人选"符合"，24.6%的人选"非常符合"，8.2%人的选"不符合"和"非常不符合"。从数据来看，学生不喜欢呆板、单调的课件，更多的学生喜欢色彩丰富的课件。

四、调查结论

从调查的结果来看,信息技术在物理教学运用中并不是一无是处,它有很多的优势,可以用来促进教学的发展,提高教学的效果。如在知识的巩固与记忆方面,在吸引学生注意力和增强学生学习兴趣方面,在课堂教学气氛活跃方面,在学生对知识的理解与把握等方面都能起到很好的作用。尤其是课件中的视频与动画,是学生非常喜爱的形式,它不仅有利于吸引学生的注意力,提高学生的学习兴趣,也可以帮助学生理解抽象的知识,有效降低学习难度。当然,从学生的角度看,也确实存在着一些问题,总有一部分学生对在物理教学运用信息技术不甚满意。所谓众口难调,这也是在所难免的,我们不能因噎废食,因为少数人的不喜欢而放弃使用。教学是为了每一个学生的发展。当然,少数人不喜欢也一定有他们不喜欢的原因,原因可能是两方面的:一是教师方面,教师在制作课件时没有考虑到这些学生的学习特征和个性,所采用的形式是这些学生不喜欢的甚至讨厌的,或者教师在制作课件时只是自己的主观臆想,用自己的审美代替了学生的审美,或者教师在制作课件时没有考虑到学生的层次,以统一的要求来衡量所有学生;二是学生方面,每个学生的个性不同,学习风格也不同,个人的偏爱也会有所不同。对学习而言,每个学生的基础不同,思维能力也有差异。另外每个学生的经历也不同,对同一事物的理解也会存在差异。基于这样的思考,信息技术在物理教学的运用中出现了问题,我们应该弄清原因所在,然后扬长避短。

第二节 信息技术在物理教学运用中的效果调查

信息技术与学科教学的整合随着时间的推移不断地深入,无疑对教学起了很大的促进作用,它改变了传统的教学方式,改变了学生的学习方式,改变了教师的教学模式,很好地促进了学生的学习,激发了学生的学习兴趣,增强了学生的学习动机。但是在教学交流中,有一些教师对此存有微词,甚至有一些教师弃信息技术于不用。在对本地区各学校常态教学的调查中发现,一支粉笔、一块黑板的传统教学方式依然不变。一些教师认为使用信息技术（包括交互式电子白板）教学不利于提高学生的成绩，甚至认为"用还不如不用，不用更有效"。有的教师在公开课的教学中或者参加教学大赛时使用信息技术（包括交互式电子白板），平时教学则根本不用。使用信息技术教学除了制作课件的麻烦外，更重要的是他们认为"用了不能提高学生的学习成绩"。走进课堂观察发现，使用信息技术的课堂，气氛比较活跃，在课堂中投入学习的学生相比以往的课堂明显要多，这样教学应该是比较有效的。可为什么平常上课，许多教师认为教学效果不好，而不用信息技术？基于这样的思考，研究人员着手从学生的角度去调查课堂教学使用信息技术到底是否有效？如果效果不好，问题出在什么地方？应该如何改进？

一、问卷的编制

研究人员根据教学实际情况，对部分教师和学生就使用信息技术（包括交互式电子白板）教学的效果进行调查，了解其在物理教学中的优缺点，并加以归纳总结。在此基础上研究人员着手编制了一定数量的测试题，同时在×××网站上检索相关的调查问卷，然后根据我们的目的、相关文献资料，选择一份调查问卷为基础，组织课题组成员进行讨论、修订，经多次研讨，编制出一份信息技术在物理教学中应用效果（包括交互式电子白板）的调查问卷。问卷总共26道题，每题的选项都采用李克特式五点量表法，因为五点量表法易于操作。

问卷编制好后，进行预测试，测试的数据录入 Excel。用统计软件 Spss11.5进行探索性因素分析，KMO 值为0.883，Bartlett 球形检验的卡方值为1 604.033，显著性概率 $P < 0.01$ 达到显著，说明问卷适合进行因素分析。选择特征值大于1的变量，把小于1的变量删除。这样删除原问卷中的10道题，保留16道题组成新问卷。再用统计软件Spss11.5对新问卷进行信度检验，其信度系数为0.870 7，说明新问卷具有较高的信度。

二、调查对象及统计工具

仍在当涂县第一中学、当涂县第二中学高二年级各随机选择三个班，共

290名学生,对其进行问卷调查。课题组共发放问卷290份,有效回收280份,回收率为96.6%。数据录入Excel,用统计软件Spss11.5进行统计分析。

三、调查结果及分析(见附录4)

问卷有四个层面,第一层面有7题,主要调查信息技术在物理教学运用中对学生学习物理知识的效果。第1题:调查课堂教学中重点内容的学习情况,48.9%的人认为"一般",26.8%的人认为"符合",只有8.9%的人认为"非常符合",还有15.4%人的认为"不符合"以及"非常不符合"。第2题:调查知识点的掌握情况,42.1%的人认为"一般",34.6%的人认为"符合",9.6%的人认为"非常符合",13.6%的人认为"不符合"以及"非常不符合"。由此看来,利用信息技术对物理教学重点内容进行处理,学生对知识点的掌握程度还有待于进一步提高。第3题、第4题是调查学生上课时注意力的集中程度。第3题:35.7%的人认为"一般",37.5%的人认为"符合",13.9%的人认为"非常符合",12.9%的人认为"不符合"以及"非常不符合"。第4题:38.9%的人认为"一般",38.6%的人认为"符合",14.6%的人认为"非常符合",7.9%的人认为"不符合"以及"非常不符合"。从数据中可以看出,信息技术在物理教学运用中能够很好地吸引学生的注意力,学生上课能够跟着教师上课的节奏,但也有少部分学生即12.9%左右的学生认为不能吸引他们的注意力。第5题:调查学生上课的参与度,45.4%的人认为"一般",26.1%的人认为"符合",11.1%的人认为"非常符合",17.5%的人认为"不符合"以及"非常不符合"。这说明在教学中使用信息技术,学生课堂上参与度不高,教师上课一言堂的现象较严重,师生互动时间少,学生思考问题的时间少。第6题、第7题是调查学生学习兴趣。第6题:39.3%的人认为一般,38.2%的人认为"符合",11.4%的人认为"非常符合",11.1%的人认为"不符合"以及"非常不符合"。第7题:40.0%的人认为"一般",31.4%的人认为"符合",13.2%的人认为"非常符合",15.4%的人认为"不符合"以及"非常不符合"。数据显示,有一半的人认为信息技术在物理教学运用中能够激发学生学习的兴趣,能够引导学生对课本知识进行思考,这是传统教学很难做到的。因为信息技术在物理教学运用中利用了人的视觉、听觉等多种感官功能,增强了课件对人的视听觉的冲击效果。

第二层面有3题,主要调查多媒体课件的直观性效果。第8题:27.9%的人认为"一般",45.7%的人认为"符合",17.9%的人认为"非常符合",8.5%的人认为"不符合"以及"非常不符合"。第9题:30.4%的人认为"一般",45.4%的人认为"符合",18.2%的人认为"非常符合",6.1%的人认为"不符合"以及"非常不符合"。由此可以看出,绝大多数人认为信息技术在物理教学运用中直观性效果好,有利于学生对新知识的理解和掌握,有效地降低了学习的难度,帮助学生理解与记忆难点,提高了课堂教学的效果。第10题:31.8%的人认为"一般",31.8%的人认为"符合",28.2%的人认为"非常符合",8.2%的人认为"不符合"以及"非常不符合"。从这里可以发现,60%以上的人喜欢在物理教学中运用信息技术,只有极少人不喜欢。现实中一些老师将信息技术弃之不用,显然是对教学资源的严重浪费,也与大多数学生的真实想法不符。

第三层面有3题,主要调查信息技术在物理教学运用中的实验教学效果。第11题:32.5%的人认为"一般",19.3%的人认为"符合",10.4%的人认为"非常符合",37.9%的人认为"不符合"以及"非常不符合"。这就意味着有30%的人对仿真实验有异议,觉得它不真实。对于这些人来说,用动画代替实验其效果是可想而知的,他们在心理上有一种排斥,这会影响他们对实验的关注程度,从而影响实验教学的有效性。第12题:37.5%的人认为"一般",21.4%的人认为"符合",9.3%的人认为"非常符合",31.8%的人认为"不符合"以及"非常不符合"。这就是说有三分之一以上的人不喜欢用动画代替实验。第13题:38.6%的人认为"一般",27.1%的人认为"符合",21.4%的人认为"非常符合",12.9%的人认为"不符合"以及"非常不符合"。数据显示,有近一半的人认为实验课教师应做实验,不能用动画、视频替代。在实验教学中,很多教师为了省事,用动画代替实验,这会引起很多学生的不满,从而降低学生对物理学习的兴趣。

第四层面有3题,主要调查信息技术在物理教学运用中课堂教学的容量和速度。第15题:46.0%的人认为"一般",30.4%的人认为"符合",12.1%的人认为"非常符合",11.5%的人认为"不符合"以及"非常不符合"。从数据看,40%以上的人觉得在物理教学中运用信息技术上课速度快,只有11.5%的人觉得不快,其他的人态度不明确。据此可以认为,在物理教学中运用信息技术上课速度确实比较快,这一点与研究人员进行的课堂观察结果相符。课下与学生交流,多数人也认为上课速度较快,不利于他们思考和理解。第16题:44.3%的人认为"一般",26.4%的人认为"符合",12.9%的人认为"非常符合",16.4%的人认为"不符合"以及"非常不符合"。同样有近40%的人觉得在物理教学中运用信息技术课堂教学的容量大,只有16.4%的人觉得容量不大。课堂观察研究也发现在物理教学中运用信息技术,教师会对一些相关的知识作拓展、补充,这无意中就增加了课堂教学的容量。

四、调查结论

信息技术在物理教学运用中能够吸引学生的注意力,提高学生的学习兴趣,有利于学生对知识的理解和掌握。同时,学生也乐于教师在物理教学中使用信息技术。但是任何事物都具有两面性,在物理教学中运用信息技术也不例外。教学中,教师常常会利用信息技术的优势来增大课堂教学的容量,这往往超出了学生的接受能力,适得其反;教学中,教师也常常会加快教学的节奏,这会让部分学生的理解跟不上,导致这些学生上课听不懂。一些教师在上课时为了省事,用动画、视频等替代了实验,这不仅不利于学生观察能力的培养,也不利于学生动手操作能力的锻炼,同时也会降低学生对物理学习的兴趣。从调查数据分析来看,每一道题都有相当部分的人态度不明确;从另一角度来看,这部分人对在物理教学中运用信息技术的效果也持不明确的态度,说明在物理教学中运用信息技术的效果确实存在着令人不太满意的地方,需要进一步改善。由此看来,我们不能认为使用了先进的技术就一定能提高教学效果。课堂教学是复杂多样的,它不仅仅依赖于技术使用,更重要的在于技术怎样与课堂教学融合,在于采用怎样的教学策略和方法,这都需要我们对在物理教学中运用信息技术还要进行认真细致的研究。

第三章 信息技术与物理教学整合的实践与思考

实践是检验真理的唯一标准。评判计算机多媒体与学科整合的好坏的唯一标准是通过实践来验证。研究者选择人教版高中物理选修3-1《磁场》这一章来进行教学实践。之所以选择这一章，是因为《磁场》这一章，其内容相对而言比较抽象，且每节的教学内容相对较多，学生学习起来有一定的难度，而这些问题恰恰可以利用计算机多媒体的优势予以解决。

本章扼要介绍《磁场》这一章节教学的实践过程，以及在实践过程中的具体做法，并对实践过程中一些问题进行了反思。

第一节 计算机多媒体与物理教学整合实践的概述

《磁场》这章共有六节，有很多抽象的概念和规律，如磁场、磁感应线、安培定则、安培力的方向、洛仑兹力方向、带电粒子在磁场中运动等。传统的讲授是用单纯的语言去描述，学生缺乏空间想象力，很难让大多数学生理解。况且这些知识学生生活中很少经历，头脑中也没有可以用来同化新知识的经验，这给学习带来一定的困难。计算机多媒体有其独特的功能，可以有效地解决上述困难。为此，针对《磁场》这章的特点，研究小组采用集体讨论，寻找资源，精心备课，每一节教学内容都制作课件，把每一个抽象难懂的地方都用三维动画或视频来演示，从新课、习题课到复习课，每一节课都采用计算机多媒体来辅助物理教学，时间为三个星期。

从课堂上学生的反应来看，每一节课的课堂气氛都十分活跃，学生回答问题踊跃，学生的情绪被充分地调动起来了。从研究人员来说，每一节课都进行了精心的准备，每一节课都被详细地记录下来，而且还用摄像机进行了全程录像。像这样精心制作课件,完全用计算机多媒体来进行整章教学并全程记录的形式,所在的实验学校是第一次,担任授课任务的教师也是第一次。每一节课下来,研究小组的成员们看到课堂上兴奋的学生,觉得每节课的教学目标都能顺利完成。研究人员有时也会被这样热烈的教学场面感染,觉得教学效果一定很好,甚至有人还自鸣得意起来。三个星期的教学实验,尽管每天制作课件甚是辛苦,但一想到课堂上那种热烈的学习氛围,便没有人觉得这项活动辛苦,甚至感到是一种快乐。

计算机多媒体画面色彩绚丽,一改黑板板书的单调;动画效果也使得教学内容动态呈现,极大地增强了视觉效果。原来说不清、道不明的安培力的方向、洛仑兹力方向、带电粒子在磁场中的运动方向与轨迹、质谱仪、磁流体发电机、回旋加速器等,都可以通过Flash动画模拟和视频形象直观地展示在学生面前,学生看了一目了然,难点便轻而易举地突破了。不仅如此,在物理教学中运用计算机多媒体教学内容事先制作,课堂上几乎不需要板书,课堂节奏加快,教学容量增大,原来一节课讲不完的内容,现在一节课就可以轻松地讲完。相比以往的讲解法,在课堂上练习的时间增加了很多,甚至对某些题型还能进行举一反三。同时,课堂上与学生交流、反馈的机会也明显增多。从表面上看,这种教学方法的效果无疑是显著的,学生应该是毫无疑问地完全掌握了教学内容。

三个星期后,研究小组为了检验教学的效果,进行了教学测试。但考试的成绩,竟让所有的研究成员目瞪口呆。卷面上的学生成绩,可以用惨不忍睹来形容。为什么会出现这样的结果?课堂上教学不是很顺利吗?教学不是很流畅吗?学生的情绪不是很亢奋吗?教学成绩怎么会这样糟糕?一系列问题萦绕在研究小组成员的头脑中。但研究小组的成员没有气馁,而是多次召开讨论会,对这种意想不到的现象进行反思,找出这种教学方式的不足之处,反思教学过程,努力探索这种教学方式下的结合点,摸索信息环境下有效教学的策略和方法。

为什么热烈的课堂表现和学生的学习效果如此的不相称?问题到底出在哪儿了?

第二节　计算机多媒体与物理教学整合中存在的问题

研究人员之前一直被课堂上浓烈的氛围感染着,认为这样的教学其学习效果应该没有问题。当时,他们没有认真地去想一想,这热闹的背后是什么?现在测试的成绩出来了,与预想的结果相差甚远。这让研究人员清醒起来,开始思考这热闹的背后是什么。于是研究人员再次制作调查问卷,并进行了调查,还对一些学生进行了单独访谈。研究人员先是对教学过程进行了认真的回顾、反思,渐渐地发现了问题所在:热闹的课堂不一定是有效的课堂,也许课堂教学更需要的是静想! 研究人员开始意识到在物理教学中运用计算机多媒体也可能是一把双刃剑,不适当地使用,不仅不会促进教学,增进学生理解,反而会带来负面的影响。

以下是研究人员对《磁场》这一章教学实践中出现的问题,进行反思和总结的情况。

一、大容量的问题

容量大是计算机多媒体辅助教学的优点之一,在访谈和评课中,这几乎是所有教师的共识。在问卷调查与学生访谈中,容量大也是学生反映的一个焦点问题。容量大似乎成为教师使用计算机多媒体辅助教学的理由之一。以《磁场》这章教学为例,这章的每节内容知识容量普遍较多,且比较抽象,涉及很多空间想象,历来是教学中教师感到头疼的内容。按照传统的教学方式,一节课根本完不成一节的教学内容。若采用多媒体辅助教学,一节课便能轻松地完成一节的教学内容。不仅如此,教师还有时间补充习题,和学生讨论并讲解。在习题课上,以往一节课最多只能讲三四个习题,现在一节课能讲七八个习题。然而,课堂内容容量大教学是否有效呢? 在很多时候这只是教师的一厢情愿而已。现代信息加工心理学认为:人的短时记忆的容量是有限的,只有7 ± 2个单位。短时间内教给学生太多的东西,超出了学生短时记忆的容量,这些知识在学生头脑中就像过眼烟云,瞬间即逝。罗伯特·斯莱文曾说:急切地教给学生太多的信息可能会徒劳无益,因为学生没有时间对新信息进行复述,而这些信息有可能被后来的信息挤出工作记忆。在调查和与学生交谈中,学生无一例外都讲到了这一点:上课听懂了,下课全忘了,一点印象都没有。所以,这就能解释学生为什么考试成绩差了。事实上,考试时的许多试题在上课时的幻灯片中出现过类似的,但学生不记得了。由此看来,计算机多媒体辅助教学不能一味地追求容量大,必须遵循人脑记忆的规律。

二、节奏快的问题

快节奏,似乎是人们使用计算机多媒体辅助教学的另一个理由。计算机多媒体辅助教学都是事先设计好的,几乎不需要板书,只要点击鼠标便可,所以节奏快是无疑的。在《磁场》(人教版选修3-1)这章教学时,教师运用多媒体辅助教学,每节课制作的幻灯片有三十张左右,教师上课时不停地点击鼠标,一张一张地翻,像放电影一样。研究人员没有考虑到学生的接受能力和理解能力,以为只要点击鼠标,播放了本节教材的知识流程,学生通过观看就能达到教学的目的。实际上,学生的理解力跟不上教师点击鼠标的节奏,更谈不上学生通过思考自主构建知识了,这就造成了学生在头脑中只有浅浅的印象。现代脑科学的研究证明:脑神经联结在进行学习之后,需要时间进行巩固和安置。新知识学习越紧张,反思时间就必须越长。这就要求在教授新知识,尤其是难于理解的知识时,必须"计划停工时间",让学生进行反思。没有这种转移,学习效率将会急剧下降。如果我们不停下来让学生思考,而是加快节奏,那么我们的大脑只是简单地运行已存储的程序,这不是学习而是复制。所以,新知识就不能在学生头脑中形成意义。教学的目的不是教给学生更多的东西,也不是把一桶水倒给学生。教得更多或更快并不是解决方案,问题在于学习者并未将信息变成他们自己的,我们要始终为学习者停下来讨论所学习内容提供机会。由此看来,不能利用计算机多媒体的便利条件随心所欲地加快教学节奏,而是要根据脑科学有意识地放慢节奏,让学生有更多时间思考,让新知识在头脑中巩固和安置,建构新意义。否则,欲速则不达。

三、学习兴趣的问题

计算机多媒体辅助教学能创设丰富的教学情境,使学生视觉与听觉并用,这不仅有利于信息的获取,也有利于信息的记忆和保持。所以,计算机多媒体辅助教学的课堂气氛是相当活跃的。许多学生在上课时都处于兴奋之中,但是教学的效果又是怎样的呢?研究人员对多媒体辅助教学的效果进行问卷调查发现:课堂上气氛之所以活跃,那是计算机多媒体的视听效果感染的,很多学生并不是对教学的内容感兴趣,只是对色彩、动画感兴趣!这里,学习的兴趣被"偷换"了。由于学生被动画所吸引,课堂热闹的景象就不言自明了。这种"兴趣偷换"的现象,维果斯基很早就已经研究过。他说:从教育角度看,这种兴趣不但无益而且有害,反而造成这种活动的一个竞争对手,一个以强劲有力的兴趣形式出现的竞争对手。这样也就减弱了老师所期望的机体准备程序。……这种辅助手段引起的兴趣,不但不会促进,反而会妨碍我们开展所需要的活动。诚如维果斯基所说,计算机多媒体辅助教学如果不能有效地防止"兴趣偷换"现象,那么其教学的有效性就大打折扣了。教学实践也验证了这一点,而这一点实际教学中却很少引起人们的关注,甚至可以说它被人们忽略了。

四、直观性的问题

动画、视频可以将复杂的、抽象的东西形象直观地展示在学生面前,可以把无法演示的实验通过动画模拟出来,能有效降低学生理解的难度,这恐怕是物理教师使用计算机多媒体辅助教学最为直接的理由了。在现实中,教师也是这么做的。一旦遇到教材中难于理解的内容,教师就使用计算机多媒体来帮助学生理解。如《磁场》中洛仑兹力的方向与磁场方向、电荷运动的方向的关系,学生缺乏空间想象能力,教师用动画模拟出来,学生一看便知。对于习题中的一些物理过程,学生想象不出来,教师用动画展示,学生看了就知道物体是如何运动的了。这样,难点突破了,课堂上讲解习题,学生一听就懂、一看便会。然而,教学的目标是什么呢?是仅仅为了使学生易于理解教材的难点,还是要培养学生的思维能力?维果斯基曾经说过:教育正确的一种做法是不去追求直观性,而是努力让儿童去分析难以搞清楚的复杂情况。如果我们想在儿童身上永久稳固地教育某样事物,就要关注障碍的设置。巴班斯基也曾指出过:如果过多运用这种方法(直观法),就会扼制学生的抽象思维的发展和想象力,以及连贯地阐述思想的说话能力和其他技能。所以,如果我们要想培养学生的思维能力,那么我们就必须设置障碍,让学生"跳起来摘桃子"。如果教学中每遇障碍都是通过计算机多媒体辅助理解,那么学生就少了建构知识的经验,他们的抽象思维能力就不能得到有效的发展。教学的难点解决了,但发展抽象思维能力的契机却丢失了,这显然违背了教育的目的。在《磁场》的教学测试中,研究人员设置了一些与上课同类型的试题让学生去做,结果发现:考试时,因没有计算机多媒体辅助,面对文字的描述,很多学生傻眼了,怎么也想不出洛仑兹力的方向与磁场方向、电荷运动的方向三者空间的关系,怎么也想不出复杂情境中带电粒子在电磁场中运动的过程,尽管这些题目在课堂习题教学中都似曾相识过。原因是什么呢? 原因就在于教师过多地依赖计算机多媒体辅助教学,学生头脑中少了积极地主动建构,他们的抽象思维能力没有得到提高。原来的障碍,表面上看突破了,其实并没有有效地突破,学生并没有真正地理解,在头脑中无建构意义。但是,在现实中,我们仍然乐道于计算机多媒体的直观性,仍然想方设法利用计算机多媒体的特殊功能把抽象的东西形象直观化。这种将复杂问题易化的趋向,从根本上违反了教育心理学的原则,这同儿童卫生学里提不要让儿童咀嚼食物,全给他流体食物一模一样。直观性,一方面为掌握知识开辟了一条简捷之路,另一方面又会使独立思考的习惯从根本上丧失,使儿童再也不关心独立思考,他们会自觉地从教育中清除对经验进行复杂加工的一切方向,而要求将一切必要的东西在消化、咀嚼和分解好之后再送给他们。

第三节　信息技术环境下物理有效教学的策略和方法

实践出真知。经过一系列的教学实践,我们对计算机多媒体辅助物理教学有了更清晰的认识。我们不再盲从计算机多媒体的优势,也不再盲目地相信计算机多媒体一定能促进教学,提高教学效果。计算机多媒体它是一把双刃剑,必须被恰当地使用,否则适得其反。怎样恰当地使用呢? 结合我们的实践经验与问卷调查的分析结果,研究小组对信息环境下进行物理有效教学提出了以下策略和方法。

一、利用多媒体创设的教学情境,不能分散学生的注意力和转移学生的兴趣

建构主义学习理论认为:知识不是通过教师传授得到的,而是学习者在一定的情境及社会背景下,借助其他人(包括教师和学习伙伴)利用必要的学习材料,通过意义建构的方式而获得。学习是一种真实情境的体验。学习发生的最佳情境不是简单抽象的,只有在真实世界的情境中才能使学习变得更为有效。在一些真实的情境中,学习者如何运用自身的知识结构解决实际问题,是衡量学习是否成功的关键。为此,教学中利用多媒体的视觉效果来创设一些情境吸引学生的注意,激发他们的认知兴趣是必要的。例如:创设认知冲突情境,创设原始问题情境,创设故事情境等。但是,多媒体播放的情境不宜过长,也不能过度地增加视觉、听觉的效果,以增强学生感官的刺激,这会分散学生的注意力,转移学生的兴趣,降低计算机多媒体辅助教学的效果。

二、利用多媒体展示学习目标,显示"知识树",促进学生的有意注意

美国心理学家迈耶认为:学习者了解和掌握了学习内容的主要概念的名称和特征后,学习效果会更好。这就是他提出的"提前准备原则"。他认为学习者了解和掌握了学习内容的主要概念的名称和特征后,在学习过程中可以有针对性地加工信息。例如,江苏宜兴市实验中学使用"两类结构"教学法组织课堂教学,实现了好学生更好,困难生变好,且出现了"水涨船高"的现象。其中重要的一个策略是:明确学习目标。课前就要准备好"知识树",上课一开始,教师就列明并强调学习目标。因此,教学时,引入新课后教师就用多媒体展示这节课的学习目标,让学生明确这节课要学习的主要概念的名称,以促进学生上课时的有意注意。新课结束后,教师用多媒体再次显示这节课的"知识树",帮助学生在头脑中形成认知结构。

三、控制课堂教学容量,让学生进行信息加工

教学中要严格控制课堂教学的容量。在课件播放的过程中,教师要根据学生的反应把握播放的节奏,宜慢不宜快,还要适当地停下来,使学生有充裕的时间进行信息加工,进行意义的建构。同时,课件中首先要排除与教学内容无关的材料,因为这些材料会夺去学生工作记忆中的认知资源,分散学生对重要材料的注意力。其次,在课件中不要加入有趣但无关的声音、音乐或动画等,以免分散学生的注意力,转移学生的学习兴趣。在播放动画或视频时,教师要结合解说,不要把画面和词语都以视觉的形式(即动画加文本)呈现,这样会引起学生的视觉通道超载,影响学生学习的效果。

四、注重教学过程中传统教学与多媒体教学相结合

建构主义学习理论认为:学习是根据自己的意念和价值观对客体或事件进行解释的过程,是一种主动的意义建构的过程。信息加工理论认为:进入短时记忆中的信息,只有经过加工才能进入长期记忆中。为此,在教学中我们不能盲目地使用多媒体,也不能过多地使用多媒体,要把教师讲解、板书与多媒体相结合,有意识地放慢多媒体播放的节奏,留给学生思考的时间,让他们有时间在头脑中进行信息的加工和意义的建构。用多媒体动画把抽象的问题转化成直观形象之前一定要让学生思考,教师再通过讲解、板书引导,让学生在头脑中形成初步的直观的认识。之后,再用多媒体显示直观模拟。上习题课时,抽象的问题要先让学生进行思考,教师要努力引导学生构建习题描述的抽象过程,切不可为了学生易于理解把抽象的过程直接用多媒体展示出来,这不利于培养学生抽象思维能力。解题步骤最好通过板书来演绎,不能用多媒体一闪而过。因为教师在板书的过程中,学生才能有充裕的时间进行意义的建构。

五、控制课堂教学速度,给学生静想的时间

尽管在前面几个策略中都谈及要慢,要留给学生思考的时间,这里还是要

把它单独作为一项策略来对待,因为这对学生的学习太重要了。教师在应用计算机多媒体进行教学时,讲完一个知识点后,不要急于到下一个环节,要有意识地停一停,给学生时间静静地想一想。教师要引导学生把新学的知识与以前的知识进行联系、对比,让学生有充足的时间把新的知识纳入原有的知识结构中去。比如说,洛仑兹力的方向教学,教师不能仅仅用三维动画展示,否则这不利于学生空间想象力的培养。在展示动画前,教师要引导学生在头脑中去构想电荷运动的方向、磁场方向、洛仑兹力的方向三者的关系,并结合语言和手势,让学生的思维跟着语言描述想象。停一停,让学生好好地想一想,这不是浪费时间,而是培养学生抽象思维的能力。动画展示完了,也不要急于到下一个环节,因为学生看完只是短时记忆,并没有进入到长期记忆中去。再停一停,让学生再静想一下,或者让学生去做练习,这样学生才能把洛仑兹力的方向与电荷运动的方向、磁场方向三者的关系内化到自己的大脑中。总之,教学中要停一停,让学生好好地想一想,是非常必要的!

第四章　基于信息技术环境下的物理课堂观察
——以交互式电子白板的运用为例

　　时代在发展,信息技术也在不断地更新。现在教学中普遍使用的是交互式电子白板,它比原来的计算机多媒体有着更多的功能,也比计算机多媒体有着更多的优点。同样,计算机多媒体在教学应用中也存在着诸多的问题,所以一些教师弃之不用。那么问题出在哪里? 是技术带来的,还是在使用过程中人为造成的? 我们选择了几所配备交互式电子白板的学校进行课堂观察,试图通过实证研究来寻找解决问题的答案。

第一节　课堂观察说明

一、观察背景

　　受益于马鞍山市教育信息化三年行动计划,我市农村学校每个教室也都装备了交互式电子白板。交互式电子白板(以下简称白板)迅速成为信息技术在课堂教学中应用的主要辅助手段。研究人员深入课堂,对它的使用情况做了较为详细的调查,发现在使用过程中有很多问题值得思考。交互式顾名思义应该有交流、互动,但实际上许多教师把它当成了多媒体课件的播放器,它的交互式功能很少得到应用。有些教师虽然使用交互功能,但使用的时机、效果都不好,有的甚至于画蛇添足。交互式电子白板插入视频、动画非常便捷,有的老师就用视频、动画代替了实验;有的老师虽然做实验,但实验与白板相结合的环节出现了问题,常常造成课堂混乱等,这些都导致了课堂教学效率的低下。有了新技术,怎样把信息技术与物理教学进行有效整合,提高课堂教学的效益,这需要我们好好研究。为此,根据前期调查,研究人员选择了五个方面进行课堂观察和研究:一是白板课件制作和演示效果的问题,二是情景创设与白板融合的问题,三是白板板书的问题,四是白板直观性的问题,五是实验与白板融合的问题。

二、观察小组

课题组成员分为五个观察小组。吴能平、尹传海、张圣飞为一组,观察课件的制作与播放情况。于基兵、王华、丁开田为一组,观察实验与白板的融合情况。刘安才、熊先斌为一组,观察情境创设与白板的融合情况。倪和宝、丁超、李正江为一组,观察白板板书。杨承刚、傅兰芳、陈庆军为一组,观察白板的直观性情况。

三、观察工具

每个观察小组自行设计观察量表,作为观察工具,并在不影响学生上课注意力的情况下,灵活机动地深入到学生内部进行观察,并用摄像机全程摄像作为观察资料,以便今后随时调用。

第二节 课堂观察课例一:怎样认识和测量电流

各观察小组根据分工制定了各自的观察量表,制定好的观察量表经全体研究人员讨论通过后,各观察小组就着手观察。课堂观察共进行了十次,每次课堂观察各小组都有确定的程序、观察的重点、观察后的反思,以便找出多媒体辅助教学和传统教学的最佳结合点,搞高课堂教学的有效性。

一、教学设计

【教材分析】

本节内容主要有电流的形成、方向和单位,电流表的使用。电流是电学中的一个基本物理量,是进一步学习电阻、电压、欧姆定律、电功率、焦耳定律等知识的基础。电流表是电学实验的重要仪器,用电流表测量电流是电学中基本的实验技能。所以,本节内容在整个电学中处于基础地位。

【教学目标】

[知识与技能]

(1)知道电流是怎样形成的。

(2)知道电流的方向和单位。

(3)认识电流表,会正确使用电流表测量电流。

[过程与方法]

(1)运用类比的方法理解电流的形成和方向。

(2)通过阅读说明书,获取有关电流的信息。

(3)通过实验操作,学会用电流表测量电流。

【教学重点】电流表的使用方法。

【教学难点】电流概念的建立。

【教学方法】学生探究、教师讲解、媒体演示实验。

【教学过程】

(一)复习提问,引入新课

在进行连接灯泡的实验时,我们发现合上开关后,灯泡就会发光,这是为什么呢? 这是因为电流能使灯泡发光。

(二)新课教学

1.什么是电流

(1)与水流类比,介绍什么是电流。

(2)电流是有方向的。

①多媒体展示:正、负电荷向相反方向移动,正电荷的定向移动,负电荷的定向移动。

②电流方向的规定:正电荷定向移动的方向为电流方向。

③电路中的电流方向:

a.结合串联电路的实物图,分析说明电流的方向和路径。

b.让学生在电路图上独立画出并联电路中电流的方向,并具体说明电流的路径。

c.在黑板上画一个实际的电路图,让学生找出电池的正负极,标出电流的方向。

(3)电流有强弱。

演示活动:启发学生发现问题,意识到电流是有强弱的。

(4)介绍电流的符号和单位。

阅读课本,熟悉电流的符号和单位,熟练掌握电流单位的换算关系。

2.怎样测量电流

(1)介绍电流表。

①如何测量电路中的电流大小? 测量电流大小的仪器,叫电流表。

②出示教学演示电流表、学生电流表:电流表的表盘上有一个字母A,用此表测量的电流值的单位是安培。

③引导学生观察演示电流表,"－"是公用接线柱,"0.6"或"3"是"＋"接线柱。

a.当使用"－"和"0.6"接线柱时,从表盘的下排刻度线读数,量程是多大? 最小刻度值是多少?

b.当使用"－"和"3"接线柱时,从表盘的上排刻度线读数,量程是多大? 最小刻度值是多少?

④先进行电流表的读数练习,再进行简单的单位换算。

(2)介绍电流表的使用方法。

①校零:检查电流表的指针是否对准零刻度线,如有偏差,进行校正。

②串联:电流表必须串联在电路中,使电流从标有"0.6"或"3"的接线柱流入电流表,从"－"接线柱流出电流表。

③不允许把电流表直接连到电源的两端。

④使被测电流不超出电流表量程:在已知电路中电流大小时,直接选择合适的量程;若不能判断,则先试用大量程,然后进行选择。

(3)练习使用电流表。

①分别用电流表的不同量程测量电路中的电流,让学生练习读数,并比较两次测量的结果。

②对学生有关实验操作中产生的问题进行讨论。

③教师总结:

a.在不超过最大测量值的情况下,应尽量使用较小的量程测量,对于同一个电流表来说,量程越小测量结果越精确;

b.在不能估计被测电流大小的情况下,可先用最大的量程试触,根据指针偏转情况选用合适的量程。

(三)小结

(1)电荷的定向移动形成电流,并用字母 I 来表示。

单位:安培(安),符号 A;其他单位:毫安(mA),微安(μA)。

(2)测量电流大小的仪器,叫电流表。

(3)电流表的使用方法:

校零:检查电流表的指针是否对准零刻度线,如有偏差,进行校正。

试触:在已知电路中电流大小时,直接选择合适的量程;若不能判断,则先试用大量程,然后进行选择。

串联:电流表必须串联在电路中,使电流从标有"0.6"或"3"的接线柱流入电流表,从"-"接线柱流出电流表。

注意事项:不允许把电流表直接连到电源的两端。

二、教学反思

电流是初中物理电学中一个非常重要的概念,它学习的好坏直接影响后面电学的学习。如何让学生接受并理解电流这个概念是本次教学的关键。鉴于电流是带电粒子的定向移动形成的,属于微观领域,比较抽象,初中学生理解有一定的难度,在教学中我们采用了类比的方法,借助于信息技术的优势,把电流与水流类比。先在网上下载了水轮机的动画,利用动画效果形象直观地演示了在有水压差的条件下水发生流动;再把电流流动的电路与"水路"放在一起让学生进行类比,让其体会到带电粒子在电路中就像"水路"中的水一样做定向移动,从而学生能够理解电流是电荷的定向移动形成的。教学中,从学生的表情与反应来看,这一个难点还是比较顺利地突破了,收到了预想的教学效果。

这节课的重点是怎样测量电流。设计的教学程序是先用动画让学生认识电流的测量工具——电流表,了解它的外部构造、测量量程、分度和接线柱。

接着,介绍电流表如何读数并让学生进行练习。最后,用幻灯片介绍电流表的使用步骤与注意事项。当学生对电流表读数、使用都有了解后,我们再让学生动手实验。

从教学的结果来看,教学意图基本达到。学生的上课反应、回答问题、巩固练习等情况都还可以,说明教学是有效的。但是,上完课后我们认真地去反思,发现还存在着诸多不足。一是,电流与水流的类比,原以为效果很好,播放时发现比较模糊,不利于学生观察,影响学生的视觉效果。另外,这里用动画来播放,虽然有动态的效果,但是与实验相比较,学生的热情还是低了一点,上课时有少数学生没看。如果这里改成实验来演示,其效果可能会更好。二是,介绍电流表的使用方法时用的是幻灯片,让学生看图片来学习。这种方式的上课效果不是太好。因为上课讲解时,有一部分学生没看没听,而是低着头玩起了电流表。这个环节应该重新设计,教学中要充分考虑初中学生好奇好动的心理,发挥学生的主体作用,把学习的主动权交给学生。所以,教学时可以放手让学生自己去看书,了解电流表的使用步骤和注意事项,让学生自己去讨论,这不仅可以调动学生的学习积极性,还可以培养学生自主学习的能力。

三、教学点评

这一节是人教版物理九年级上册第十三章第三节的教学内容,是在学习了前面三节内容的基础上学习电流和电流的测量。教材“从闪电谈起”,让学生通过观察摩擦起电现象,认识电荷间的相互作用规律,了解摩擦起电的原因,为理解电流打下了很好的基础。教材的安排是从简单到复杂、从定性到定量认识电路,先学习电路的基本组成,再研究串、并联电路。

本章作为初中学生学习电学部分的入门,对今后学生继续学习更复杂的电学知识有重要的引领作用。相对于电,尽管学生经常使用各种电器,但对电路是如何连接的并不清楚,加之电流很抽象,“来无影,去无踪”,又有一定的危险性,所以学生对电往往有种神秘感。

为了解决本节课中的两个重要问题——电流和电流的测量,老师必须让学生对电流有一个感性认识。授课老师先是从人的定向运动会形成“人流”,车的定向运动会形成“车流”,水的定向运动会形成“水流”引入新课。接下来,老师设问,若让电荷定向运动,是不是会形成"电流"? 通过这样的类比,学生自然会建立起"电流是由电荷的定向运动形成的"概念。老师接着话题一转,人的流动是有方向的,车的流动是有方向的,水的流动也是有方向的,那电荷的流动是不是也有方向。按照上述铺垫,学生肯定会说出电流是有方向的。

猜测可能是对的,也可能是错的,最好的方法还是用实验说话。老师连接好一个简单的电路,在电路的中间接上一个大的演示电流表,合上开关,让学生观察电流表的指针偏转情况。接着老师将电源调了一个头,再合上开关,让学生再次观察电流表的指针偏转情况,这时发现指针偏向了另一边,说明电流确实是有方向的。

物理上规定:电流的方向是正电荷定向移动的方向。至于是否说出电流的方向和负电荷定向移动的方向相反,则要看学生的接受程度。

知道了电流的方向,那么电流有没有大小之分呢? 授课老师先是用一节电池接入电路,让学生观察灯泡的亮度。然后在电路中接入两节电池,再让学生观察灯泡的亮度,结果发现两节电池接入后,灯泡的亮度变亮。这个现象说明电流不仅有方向,而且还有强弱之分。

会使用电流表,属于"独立操作"水平,是一种基本技能,是学生在电学学习过程中应掌握的基本技能。

授课老师先是用实物演示电流表,给学生介绍接线柱,教给学生如何在表盘上读数,接着拿出学生实验用电流表,再一次介绍接线柱和表盘上如何读数。为了使学生能看清楚,老师用多媒体大屏幕将表盘的读数区域放大,把表盘和接线柱制成多媒体动画,用鼠标拖动指针,让学生读数。

这节课是一个成功的课例,特别是多媒体的使用,解决了学生使用电流表接入电路和读数的困难。

四、观察结果

(一)课件制作观察

一节课的课堂容量大小取决于课件制作的量,教学节奏的快慢取决于鼠标点击的速度。课件中字体的大小、颜色,图片的色彩,出现的时机都会影响学生的注意力,对学生的学习产生直接的影响。这节课教学流程包括五个环节,五个环节都使用了白板,并大量使用了文字、图形和动画等。课件有20多张,制作中用了不同的背景颜色,文字有大有小,而且整个课件色彩以浅蓝为主,一些重点内容以红色标示。我们要观察上课时学生对不同字体的颜色、大小的反应,图形、动画对学生有没有吸引力,教师上课时怎样播放课件,播放的时机、速度以及学生的注意程度如何。第一小组以此为观察点,观察这些因素对课堂教学的影响。

1. 观察表及观察结果

对课件制作情况的观察结果和问卷调查结果分别见表4.1和表4.2。

表4.1　对课件制作的观察结果

观察内容 ＼ 教学环节		新课引入	电流概念	认识电流表	测量电流	课堂小结
课件设计	(1)文字(大小、颜色)	字号大,红色	大小适中,浅蓝	大小适中,浅蓝	偏小,浅蓝	偏小,浅蓝
	(2)声像(色彩、清晰度)	浅蓝,不清晰	浅蓝,不清晰	明亮,清楚	不太清楚	—
	(3)一张幻灯片的容量	2张	5张,每张字数、行数适中	6张,步骤文字过多	4张	2张,文字过多不简洁
	(4)整体布局	简单	简洁,色彩搭配不美观	左图过大,右边文字显得拥挤,不协调	单一	拥挤
课件演示	(5)时机	讲解、播放结合	讲解、播放结合	讲解、播放结合	先做实验后播放	讲解、播放结合
	(6)速度(快/中等/慢)	适中	有点快	慢	适中	快
	(7)站位	讲台	讲台	讲台	讲台	讲台
	(8)配合讲解	是	是	是	是	是
	(9)学生反应(面部表情、人数)	认真,有三四人不看	认真,有三四人不看	认真,但有五六人不看	认真,但十人左右仍然动手做	少数,几个人记笔记

表4.2 对课件制作的问卷调查结果

课后调查问卷	选择占总人数百分比							
(1)你认为教师课件中的字号大小（ ） A.很大　　　B.较大 C.大小正好　D.较小 E.小了，看了不舒服	选项	A	B	C	D	E	F	G	H
	比例	5.3%	10.7%	73.7%	10.3%	0	—	—	—
(2)你认为课件中字体最适合采用的颜色是（ ） A.黑色　B.红色　C.绿色 D.黄色　E.蓝色　F.灰色 G.紫色	选项	A	B	C	D	E	F	G	H
	比例	73.7%	10.5%	0	0	15.8%	0	0	—
(3)课件的底色你喜欢什么颜色（ ） A.白色　B.灰色　　C.黑色 D.浅紫色　E.浅蓝色 F.浅红色　G.浅黄色　H.浅绿色	选项	A	B	C	D	E	F	G	H
	比例	47.4%	5.3%	10.5%	5.3%	21.1%	5.3%	2.4%	2.7%
(4)你喜欢课件插入视频或动画吗（ ） A.非常喜欢　　B.比较喜欢 C.喜欢　　　　D.不喜欢 E.很不喜欢	选项	A	B	C	D	E	F	G	H
	比例	42.1%	21.1%	31.6%	5.2%	0	—	—	—
(5)一张幻灯片上显示几行字最适合你阅读（ ） A.1~2行　　　B.3~4行 C.5~6行　　　D.无所谓多少行	选项	A	B	C	D	E	F	G	H
	比例	5.3%	31.6%	36.8%	26.3%	—	—	—	—
(6)你觉得课件中视频或动画的作用是（ ） A.仅仅好玩，对学习没有什么帮助 B.能吸引人的注意力，帮助对知识理解 C.能增强学习的兴趣，促进探索的欲望 D.可有可无	选项	A	B	C	D	E	F	G	H
	比例	0	36.8%	57.9%	5.3%				
(7)你认为一节课老师放多少张幻灯片，对你上课听课的效果最好（ ） A.5~10张　　B.10~15张 C.15~20张　D.20~25张 E.25~30张　F.更多	选项	A	B	C	D	E	F	G	H
	比例	21.1%	10.5%	47.4%	15.8%	5.2%	0	—	—

续表

课后调查问卷	选择占总人数百分比							
(8)你认为课本中的知识点讲解,对你来说效果最好的方式是(　) A.先用课件展示让学生看,再讲解 B.先讲解,再用课件展示 C.边讲解边用课件展示 D.不管哪种方式,效果都一样	选项	A	B	C	D	E	F	G	H
	比例	15.8%	5.3%	68.4%	10.5%	—	—	—	—
(9)教师上课使用课件,什么时候板书比用课件展示效果更好(　) A.重点内容　　B.难点内容 C.解题步骤　　D.演算过程 E.课堂小结　　F.画图	选项	A	B	C	D	E	F	G	H
	比例	10.5%	21.1%	36.8%	26.3%	0	5.3%	—	—
(10)你觉得教师上课时播放课件的速度(　) A.非常快　　B.比较快 C.快　　D.速度一般,正适合 E.慢　　F.很慢	选项	A	B	C	D	E	F	G	H
	比例	0	10.5%	5.3%	73.7%	5.3%	5.2%	—	—
(11)从一张幻灯片切换到另一张幻灯片,你觉得需要不需要提示音乐(　) A.不需要,它分散注意力 B.需要,它能提醒注意 C.无所谓 D.有时需要	选项	A	B	C	D	E	F	G	H
	比例	26.3%	36.8%	31.6%	5.3%	—	—	—	—

2. 观察结果分析

本节课课件的底色暗淡,显得模糊,字体颜色使用浅蓝、浅绿,在特定的背景下看起来更不清晰,容易引起视觉疲劳。从课后调查来看,大多数人喜欢白底黑字。课件的内容略为偏多,超出了20张,导致课堂小结比较匆忙。动画使用较好,通过水轮机与电路相比较,内容形象直观,学生看了很容易理解。教学视频播放的时机把握较好,在学生出错后播放,有利于学生对错误操作加以认识,但播放时有一部分学生仍然在做实验,这时教师要提醒并确保全体学生观看视频。整节课中教学板书很少,只有只个字,几乎所有内容都用幻灯片直接展示。全部内容用幻灯片直接展示,学生分不清重点,不利于学生对重点内容的掌握。从课堂观察看,记笔记的人很少,即便有几个人在记,也跟不上教学节奏。课件基本是边讲解边播放,从课后调查看,大部分学生喜欢这种方式,课堂观察时也发现学生关注程度较高,上课注意力集中,只有极少数人走神。

3. 教学建议

结合课堂观察和课后调查问卷统计分析,课件的制作容量以15~20张为宜,字体大小采用宋体三号字,背景白色,字体黑色。一张幻灯片上字的行数以3~4行为宜,多了学生阅读速度跟不上。在有图和文字的幻灯片上,要尽量让画面整齐、简洁美观,做到左右或上下对称、协调,色彩要靓丽一点,能够吸引学生关注。教师在播放时,不要始终站在讲台上点击鼠标,建议使用遥控笔,到学生中间去和学生一同观看,同时要留意全体学生,确保每一个学生都在观看。

(二)情境创设观察

情境创设的是否有效,一定程度上也直接成为判断一堂课好坏的重要标准之一。从情境创设的有效性来说,它应该有利于学生自信心的建立;从学习效果来说,它对学生学习氛围有很好的协调和创设作用;从方法来说,它对学生的学习方法和途径起到指引作用等。基于情境创设的重要性,第二小组选择情境创设这个点进行课堂观察。

1. 观察表及观察结果

对情境创设情况的观察结果见表4.3。

表4.3 对情境创设的观察结果

教学环节 / 观察内容		新课导入环节		新课讲授环节					
预设情境内容		演示导入,展示学习目标		学生阅读、回答		各小组观察电流表		各小组动手操作测电流	
能否引起学生兴趣并保持关注	学习表情(兴奋/一般/无所谓)	一般		一般		兴奋		兴奋	
	学习行为(观察/倾听/讨论/思考/计算)及参与度	行为	参与人数	行为	参与人数	行为	参与人数	行为	参与人数
		观察,思考	38人	思考	37人	观察,思考	43人	观察,思考	39人

续表

教学环节 / 观察内容		新课导入环节	新课讲授环节			
预设情境内容		演示导入，展示学习目标	学生阅读、回答	各小组观察电流表		各小组动手操作测电流
没有参与的人数		优生　0人	优生　1人	优生　0人		优生　1人
		中等生　2人	中等生　3人	中等生　1人		中等生　2人
		学困生　5人	学困生　4人	学困生　1人		学困生　3人
与目标的关联性	情境创设是否有利于达成目标	有利于	有利于	有利于		有利于
	学生是否达到了学习目标	一般	一般	达到		达到

　　从此表可以看出，情境创设的过程中，绝大部分学生对动手实验操作很感兴趣，表现出跃跃欲试的状态，但对教师的说教一般兴趣不大，从另一方面来说这或多或少影响了下一环节的教学。

2. 观察结果分析

　　新课引入好坏是一节课能否成功的关键。这节课的新课引入情境的创设是闭合开关小灯泡发光。这个情境没有新意，是学生意料之中的事。它虽然能让学生知道其中有电流，但不能激发学生求知的欲望和好奇心，所以这个情境创设不理想。电流的方向使用水轮机来类比，这个情境创设能够让学生理解电路中电流的流动，但同样很平淡且画面模糊，不能有效地吸引学生的注意力，效果也不太理想。如果动画能逼真点，学生可能会注意，但不惊奇，起不到"愤、悱"的效果。

　　认识电流表的情境创设过于简单，只是用课件展示了一个电流表，让学生看书、思考。课上到这个环节时间已经近半，学生的注意力会分散，也有点注意力疲劳。如果这时教学仍平铺直叙，对于初中生而言，可能提不起兴趣，容易分神，这时需要有点新颖的东西吸引学生的注意力，提高他们的兴趣。

3. 教学建议

　　新课引入是一节课的开端。俗话说：良好的开端是成功的一半。引入的情境要能激发学生求知的欲望，要有新奇感，让学生感到意外。小灯泡发光太平常,教师不妨从电流的效应方面创设情境,说明电流的存在,使学生获得感性认识。

无论动画还是视频,图像要清晰,色彩要明亮,这样学生才有感官的刺激,注意力才能集中到情境上来。从学生的注意来看,动态的画面更能吸引学生的注意,所以创设情境要让画面尽可能地动起来。

在介绍电流表的使用时,教师可通过创设阅读教材上的说明以及课件中的图片(视频)等情境,来指导学生怎样正确使用电流表。需要注意的是,整个情境创设过程时间不宜过长,一般3分钟左右,重在落实学生具体操作以及在指导过程中发现问题、解决问题。

情境播放时,教师不能没有作为,要结合动画、视频引导学生观看、思考,必要时讲解,如需要可暂停或重播。这样可以提高情境创设的效益,更利于教学目标的达成。

(三)交互式电子白板板书与黑板板书对比效果观察

白板的使用导致黑板板书大为减少,实际教学中有的教师甚至于一节课黑板上一个字也没写。黑板板书与白板板书哪个对学生的学习更有效,老师们有不同的争议。谁是谁非,这需要从学生的角度去观察,不能想当然。为此我们把板书分成三点:一是白板直接展示,二是白板板书,三是黑板板书。在每节观察课上,第三小组从内容、学生关注程度和停留时间三部分进行观察,记录学生的反应情况。

1. 观察表及观察结果

对交互式电子白板板书与黑板板书对比效果的观察结果见表4.4。

表4.4 对白板板书与黑板板书对比效果的观察结果

观察内容 \ 教学环节		引入新课	认识电流	测量电流	课堂小结
白板直接展示	内容	标题	电流形成、方向、大小、单位等	电流表、使用步骤、练习	知识点
	学生关注程度	认真	认真,极少数人记笔记	大多数人认真,极少数人记笔记	部分人东张西望,极少数人记笔记
	停留时间	2分钟	每张停留约2~3分钟	5分钟	1分钟
白板板书	内容	—	学生在白板上做练习	—	—
	学生关注程度	—	认真	—	—

续表

观察内容＼教学环节		引入新课	认识电流	测量电流	课堂小结
	停留时间	—	2分钟	—	—
黑板板书	内容	标题	形成电流、大小、方向	电流表	—
	学生关注程度	认真	有部分人记笔记	认真	—
	停留时间	一直	一直	一直	—

表中记录是省略的写法,目的是为了方便记录。表中"标题"是指认识电流和电流表。在白板直接展示中,电流形成、方向、大小、单位,以及电流表的使用步骤都没有一一记录,只是记录了大概的意思。而且小结内容较多,当时无法记录下来,只用"知识点"代替。

2. 观察结果分析

这节课书写的内容绝大多数是在白板上直接展示的,教师站在电脑旁不停地点击鼠标,幻灯片一张一张地播放。学生习惯性地去看,只有极少数人动手记笔记。在观察中发现,即使有记笔记的学生,由于写字速度较慢,多数情况是还没记完教师就已切换到下一张幻灯片了,而大多数学生只是抬头看,不知道去记。这样一节课哪是重点,哪是难点,虽然教师在上课时讲解了,但学生也只是听,下课后很多知识会由于量大而遗忘。相反,如果教师用粉笔板书,很多学生很自然就知道教师讲的哪些是重点,便不自觉得拿起笔来记。教师边写边讲,学生边记边听,这样学生眼、耳、手三者结合,本身就是一个很好的记忆和理解的过程。再结合问卷调查来看,对于解题的过程和重要的知识点,学生还是乐于接受教师用粉笔板书的,这不仅是因为慢,而是给了学生思考和理解的时间。另外,教师在黑板上板书,板书的内容可以长时间留在学生的视野里,利于留给学生整体的印象,这是白板书写或者是幻灯片直接展示无法做到的,它们只能随着教学的进度不停地切换到下一页。

3. 教学建议

即使教师使用白板上课,黑板板书还是需要的。黑板板书虽然慢,但便于学生记笔记,也方便学生记忆。所以,对于一些重点知识,教师应该在黑板上板书。教师在教学设计时,应有一个完整的板书设计,要把一节课的知识框架,在黑板上板书下来,让学生上课时,对一节课中重要的知识点自始至终有一个完整的印象。习题教学时,解题的过程不要用白板或幻灯片,要直接在黑板上书写,并结合教师的讲解,这不仅易于学生对解题过程的理解,在头脑中建构所学的知识,也便于学生规范解题步骤。

(四)动画、视频与实验的融合观察

动画、视频可以把实验搬到屏幕上,让学生观看。由于其形象逼真,深受广大教师和学生的喜爱。于是,许多教师上课时不做实验了,直接播放动画、视频来代替实验。物理是一门以实验为基础的学科。物理学科不仅要学生掌握学科基础知识,还要培养学生的观察能力、动手操作能力和解决实际问题的能力。物理课上不做实验,用动画、视频代替,这样能达到物理教学的目标吗? 动画、视频比真实实验更有效吗? 另外,一些教师把动画、视频与实验相结合,企图通过它们的结合来更好地引导学生做实验,但我们观察过一些教师的做法,觉得都不是很理想。怎样才能使两者融合得更好、更有效呢? 第四小组确定从这个观察点来进行课堂观察。

1. 观察表及观察结果

对动画、视频与实验的融合情况的观察结果见表4.5。

表4.5 对动画、视频与实验的融合情况的观察结果

观察内容 ＼ 效果	时机	配合讲解	效果	作用
动画1	引入新课	先放后讲	一般,学生表情平淡	不能促进学生思考
动画2	电流方向	边放边讲	形象,学生惊讶	引起学生类比、联想
视频	学生实验后示范	只放不讲	一般,部分人看	声音嘈杂,不能起纠错作用

2. 观察结果分析

第一个动画播放的效果很平常,其原因:一是色彩淡了,没有引起学生的注意;二是动画效果不明显,动感不强,学生不觉得好奇。水从高处流向低处,这是学生司空见惯的,学生在头脑中完全可以想象得出来。第二个动画,学生感到惊讶,是因为它动起来了,从而吸引了学生的注意力。把动画水轮机与电路放在一起类比,这一点比较好,可以帮助学生想象电流的形成和方向,但一开始是否让学生先在头脑中想象一下,再进行类比,进一步研究会更好。学生

分组实验前,教师播放视频,意在引导学生观看电流表的使用方法和测量步骤,本意比较好,但播放的时机、方式不对,导致播放的效果很差。多数学生只顾埋头做,而不观看视频。好动是学生的天性,尤其是初中生更好动,正在做的事情达不到尽兴的程度很难停下来。

3. 教学建议

动画、视频要选择色彩亮丽一点的,这样具有视觉冲击力,能够吸引学生的注意。播放的时机选择要恰当,教师播放时可以结合教学内容讲解,还可以利用暂停、慢放等功能对重要的内容定位讲解。对于抽象的知识点利用动画辅助时,要给学生足够的思考时间,让学生在头脑中建构、联想形成意义,不要播放太快。在做分组实验时,示范的视频在学生没有动手之前播放,播放时要提醒每一个学生注意观察,要引导学生观察细节,然后再让学生动手去做。当学生做实验的时候,视频可以重复播放,如有不清楚的地方可以观看参考;也可以先让学生做,但一定要让学生做完。教师可以把学生实验过程中的错误用手机拍摄成视频,上传到电脑,以此做示范讲解。

(五)直观性观察

直观性是信息技术在物理教学应用中非常有效的一种手段,它解决了教师语言描述无法解决的难题,深受广大教师喜爱。在教学中,对于一些抽象的、难以理解的问题教师习惯用技术来突破,但是从教学的实践来看,过度依赖于技术对学生抽象思维能力的培养是不利的。所以,从学生思维能力培养角度来看,我们不能过度依赖技术,技术的应用应该有个度。怎样适度应用技术的直观性,又能训练学生的抽象思维能力呢? 为此,我们确立此观察点进行课堂观察。

1. 观察表及观察结果

对直观性的观察结果见表4.6。

表4.6　对直观性的观察结果

观察内容＼效果	形式	学生表现	是否形象	是否利于学生理解
电流、水流	动画、图像	认真观看	是	利于
电流方向	图像	认真观看	是	利于
电流表	图像	认真观看	是	利于
电流表读数	图像	认真观看	是	利于

2. 观察结果分析

电流在导体中流动是不可见的,对于初中学生而言,借助于形象直观的动画、图像是比较好的方法。水轮机在水流的推动下转动,这与灯泡发光是电流的作用一样。但动画不够生动,应该让水流流动起来。在电路中让电流流动起来,这样更能吸引学生的注意力。图像不够清晰,也不逼真,所以有些学生看得不太认真。电流的方向仍然用水轮机来说明,这不妥当。电流是微粒,水流是连续体,这两者间有差异,类比不直观,而且学生看时间长了,兴趣减弱。

电流表图片很逼真,借助它讲解电流表的构造,形象直观。学生看得也认真,效果比较好。但是,学生手上有真实的电流表,教师介绍电流表的使用时,一小部分学生已经开始玩电流表了,而教师没有关注到这些人,这影响到整体的教学效果。

电流表的读数利用图像并使之放大,再结合教师讲解,学生很容易理解。这很易于学生掌握电流表读数的问题,从练习效果来看,作用明显。所以,如果单纯用实物可能达不到这样的效果。

3. 教学建议

电流的存在建议用动画,而且是动态的效果,让水流动起来。电路中电流也要用动态的,这样可以帮助学生想象导体中发生了什么。电流的方向是正电荷的定向移动方向。这里只是用水轮机来形象比喻不足以让学生理解,教师可以在网上下载导体中电子无规则运动和定向运动的动画。在播放动画时,教师的引导很重要,要让学生在头脑中想象,要给学生足够的时间想象。教师要关注每个学生,还要给思维能力差的学生一些必要的帮助。此时,教师不能让动画一闪而过,不说明,不引导。

物理是一门以实验为基础的科学。它不仅要学生掌握基本知识,还要培养学生的操作技能。所以,动画、图像尽管直观形象,但它代替不了真实的实验。教师在用动画介绍电流表时,应该结合真实的电流表并让学生动手体验,不要"纸上谈兵",否则不利于学生操作技能的培养。另外,课堂上如果仅仅是用动画讲解,教学容量较大,学生短时记忆能力有限,没有真实体验,那么学习效果会大打折扣。因此,教师在讲解后要及时让学生动手操作,学以致用。

第三节 课堂观察课例二：欧姆定律的应用

研究人员先在阳光初中进行了课堂观察的研究,发现交互式电子白板在物理教学中的应用还存在着一些问题。针对这些问题,再根据前期的研究,研究人员提出了一些基于交互式电子白板物理有效教学的策略和方法。接下来,研究人员在丹阳中学再次进行了课堂观察。与上次不同,这次要求授课教师在备课和上课时采用研究小组提出的策略和方法。通过课堂观察,发现采用研究小组提出的一些策略和方法,能够提高物理教学的有效性。但是在实际教学中,教师自己的个性,长期养成的教学风格,会使教师自觉与不自觉地回归到他自己的风格中去,会不自觉地忽视研究小组提倡的策略和方法,而用他自认为很有效的策略和方法。所以,研究人员再次进行课堂观察研究,希望通过教学实践,使研究小组提出的策略和方法能够在课题组成员中达成共识,并通过活动的影响以及课题组成员把研究的成果与更多的教师分享。

一、教学设计

【教学目标】

(1)学会用伏安法测量电阻。

(2)能运用欧姆定律分析"短路的危害"等实际问题。

【教学重难点】

教学重点:掌握伏安法测电阻的原理,会利用伏安法测量小灯泡的电阻。

教学难点:根据电路图进行实物接线,并能排除接线过程中出现的故障。

【教学过程】

复习引入:回顾上节课欧姆定律的内容,然后引出新课——《14.3 欧姆定律的应用》。

(一)测量小灯泡工作时的电阻

提问:

(1)我这儿有一个小灯泡,谁有办法测出它的电阻值?

(2)如何改变小灯泡的亮度?

(3)请画出你们设计的电路图,如何连接实物图?

原理:

欧姆定律公式:$R = \dfrac{U}{I}$。

引导学生设计电路图并连接实物图。检查无误后,闭合开关,调节滑阻器使电路中的小灯泡亮度逐步增大直至正常发光。在此过程中,记录电压表和电流表的示数,将数据填入下表,并求出对应 R 的值。

实验次序	U/V	I/A	R/Ω	灯泡亮度
1				不亮
2				灯丝暗红
3				微亮
4				正常发光

数据分析与结论:灯丝的电阻跟温度有关。灯泡越亮,灯丝的温度越高,电阻越大。

思考:为什么在寒冷的冬夜里,刚开灯(白炽灯泡)的一瞬间灯丝特别容易烧断?

小结:把小灯泡接入电路,用电压表测出小灯泡两端的电压,用电流表测出通过小灯泡的电流,再用欧姆定律公式算出小灯泡的电阻。这种测量电阻的方法叫伏安法测电阻。

(二)研究短路的危害

(1)什么叫短路?

(2)完成教材上"活动2"的第一小题,然后说一说"绝不允许用导线直接将电源的两极连接起来"这句话的道理。

(直接连接容易造成短路。)

(3)完成教材"活动2"的第二小题,然后说一说"严禁将电流表的两个接线柱直接连到电源的两极上"这句话的道理。

（假如电流表并联在用电器两端,通过它的电流将达30A,远远超过电流表的量程,会烧坏电流表。）

二、教学反思

这节课的教学设计较为简单,主要内容包括两块,一是伏安法测小灯泡的电阻,二是短路。对于第一块内容,教师的意图是学生已经学习了欧姆定律,掌握了电流表、电压表的正确使用方法,课堂上让学生来解决这个问题。为此,教学中设计了三个问题,先让学生思考、讨论,再让学生回答这三个问题,那么测量小灯泡电阻的实验原理和实验方案也就顺理成章了。之后,学生按照方案进行实验便可。教学中也正是按照这个思路进行的,应该说教学的流程与预想基本一致,教学意图较好地得到了落实,学生在课堂中的表现也可圈可点。对于第二块内容,教师采用的教学策略是:让学生自己阅读课本,自己回答什么是短路,培养学生的自学能力。接着,用干电池进行实验,让学生体验一下短路带来的危害,让学生明白不能把电源的两极不经过用电器直接用导线连接起来。接下来,再让学生计算短路时电路中的电流是多大,并把它与小灯泡的电流进行比较,让学生由感性认识上升到理性认识;同时,进一步让学生回顾电流表的使用注意事项——绝对不允许把电流表与电源直接相串联,通过计算用数据说话,让学生从理论上知道为什么不能,做到理论与实际相结合。这个策略在教学中实施效果较好,课堂上学生有事可做,气氛相对活跃,每个教学目标都得到了较好的落实。

这节课上完,教师感觉较为轻松,从自己在课堂上的感觉来看,学生学得也较轻松,比以往一人从头讲到尾效果要好得多。这就说明教师要切实地转变教学观念,把学习的主动权交给学生,要相信学生,相信学生有能力自己解决一些问题。

当然,教学中也存在一些不足。首先,交互式电子白板使用技术还有待于进一步提高。上课时,教师感到运用白板教学有点力不从心,操作技能还有待于进一步提高。不仅如此,也要让学生知道和学会使用交互式电子白板,从而提高学生与它互动的能力。第二,怎样利用交互式电子白板资源,比如电学实验箱,即把它与物理实验有效结合,提高课堂教学的效益,这有待于以后进一步深入学习和研究。第三,在课后讨论时有教师提出板书问题,授课教师总是利用学生看书时或做练习时板书,正如有的教师所讲,板书给哪个看呢? 第四,对于短路教学处理还存在一点欠缺。上课时,教师拿干电池做了短路实验,让学生触摸导线发烫。这可能会产生负面影响,教学中应该强调,像蓄电池、照明电路不能够这样尝试。另外短路可以在这里拓宽一点,还有另一形式——用电器被短路。教学中可以补充一个实验,让学生看一下,用电器被短路的现象。书上虽然没有,但作为拓展的教学要求,开拓学生的视野是很有益的。

三、教学点评

本节课是九年级上册第十四章第二节内容,是上节课欧姆定律的应用,没有新的概念和规律,但确是一节很重要的内容。通过这一节课的学习,可以加深学生对欧姆定律的理解,也可以提高学生实验的技能。

伏安法是测电阻的一种基本方法,属于欧姆定律的具体应用,对于加深理解欧姆定律和电阻的概念有重要作用。所用的器材和上节课相同,电路图也相同,再次使用这个电路,给学生提供使用常用电学器材的机会,对克服学生乱接线或错接线的不良习惯都很有帮助。设计电路图和根据电路图连接实物,进而在实验中排除接线过程中的故障,在初中电学教学中一直是难点。这种电路图也是以后测量电功和电功率的电路图。

本节教材是按照"提出问题,解决问题"的思路编排,教师开门见山地提出,"我这儿有一个小灯泡,谁能想办法测出它工作时的电阻,并且在测量过程中能够调节小灯泡的亮度。"

教师停顿了一会,让学生思考。片刻,有的学生进行了回答。根据上节课学习的欧姆定律,只要测出小灯泡两端的电压和通过小灯泡的电流,就可以算出小灯泡的电阻。

教师又向那位回答问题的学生继续提问:"那如何在测量过程中,改变小灯泡的亮度?"学生说:"可以在电路中接入变阻器。"

教师又问了一个问题:"小灯泡工作时,它的电阻会变化吗?"

很多学生都回答"不会"。教师紧追问了一句:"依据呢?"学生回答:"电阻只跟导体的长度、粗细和材料有关,小灯泡在工作时,长度、粗细和材料都没变。"

教师进行了小结:"同学们讨论得不错。小灯泡的电阻会不会变化,我们还是让实验来说话。现在哪位同学到黑板上画出电路图?"

有两位同学自告奋勇地上黑板画出了电路图。

教师根据学生画出的电路图,指出了其中的不足。

教师接着又说:"我们今天的实验电路图和昨天的电路图一样。请同学们连接好电路,进行实验,并按书上的要求做好实验、记录数据。"

从本节课的部分实录来看,教师采用讨论、交流、启发的方式,并辅以多媒体大屏幕,使学生人人参与思考,人人参与讨论,人人参与实验,很好地完成了本节课的两个教学任务。特别是短路问题的解决,没有采用说教记忆的方法,而是通过计算让学生感知,短路时电流过大,容易出现事故。学生实验技能的提高,对今后测量电功和电功率能起到很好的帮助作用。

四、观察结果

(一)课件制作观察

教师们根据前期研究的成果制作课件与演示课件,用于课堂教学之中,受到了学生的赞同和其他教师的认可。研究人员对前面提出的策略和方法根据课堂观察的分析结果进行了进一步的完善,希望在不断的实践中,不断完善提出的策略和方法。下面仍从五个方面进行观察。

1. 观察表及观察结果

对课件制作情况的观察结果和问卷调查结果分别见表4.7和表4.8。

表4.7　对课件制作的观察结果

观察内容 ＼ 教学环节		新课引入	(一)测量小灯泡的电阻	(二)研究短路的危害	课堂小结
课件设计	(1)文字(大小、颜色)	略大,黑色	大小适中,黑色	大小适中,黑色	略大,黑色
	(2)声像(色彩、清晰度)	—	—	—	—
	(3)幻灯片的容量	1张	4张,每张字数、行数适中	1张,7行字	1张,6行字
	(4)整体布局	简洁	简洁	简洁	简洁

续表

观察内容＼教学环节		新课引入	(一)测量小灯泡的电阻	(二)研究短路的危害	课堂小结
课件演示	(5)时机	边播放边讲解	边播放边讲解	边播放边讲解	边播放边讲解
	(6)速度(快/中等/慢)	适中	适中	慢	适中
	(7)站位	讲台	讲台	讲台	讲台
	(8)配合讲解	是	是	是	是
	(9)学生反应(面部表情、人数)	认真,都抬头看	认真,有三四人不看	认真,但有五六人不看	跟着教师回顾,少数几个人记笔记

表4.8　对课件制作的问卷调查结果

课后调查问卷	选择占总人数百分比							
(1)你认为教师课件中的字号大小(　) A.很大　　　B.较大 C.大小正好　　D.较小 E.小了,看了不舒服	选项	A	B	C	D	E	F	G	H
	比例	0	3.4%	89.7%	6.9%	0	—	—	—
(2)你认为课件中字体最适合采用的颜色是(　) A.黑色　B.红色　C.绿色 D.黄色　E.蓝色　F.灰色 G.紫色	选项	A	B	C	D	E	F	G	H
	比例	72.4%	10.3%	0	0	13.8%	3.4%	0.1%	—
(3)课件的底色你喜欢什么颜色(　) A.白色　B.灰色　C.黑色 D.浅紫色　E.浅蓝色 F.浅红色　G.浅黄色 H.浅绿色	选项	A	B	C	D	E	F	G	H
	比例	44.8%	6.9%	3.4%	20.7%	24.1%	0.1%	0	0
(4)你喜欢课件插入视频或动画吗(　) A.非常喜欢　　B.比较喜欢 C.喜欢　　　　D.不喜欢 E.很不喜欢	选项	A	B	C	D	E	F	G	H
	比例	24.1%	44.8%	27.6%	3.4%	0.1%	—	—	—

续表

课后调查问卷	选择占总人数百分比							
(5)一张幻灯片上显示几行字最适合你阅读(　) A.1～2行　　B.3～4行 C.5～6行　　D.7～8行 E.9～10行　　F.无所谓多少行	选项	A	B	C	D	E	F	G	H
	比例	0	20.7%	41.4%	27.6%	0	10.3%	—	—
(6)你觉得课件中视频或动画的作用是(　) A.仅仅好玩,对学习没有什么帮助 B.能吸引人的注意力,帮助对知识的理解 C.能增强学习的兴趣,促进探索的欲望 D.可有可无	选项	A	B	C	D	E	F	G	H
	比例	0	48.3%	48.3%	3.4%	—	—	—	—
(7)你认为一节课教师放多少张幻灯片,对你上课听课的效果最好(　) A.5～10张　　B.10～15张 C.15～20张　　D.20～25张 E.25～30张　　F.更多 G.无所谓多少张	选项	A	B	C	D	E	F	G	H
	比例	17.2%	10.3%	55.2%	10.3%	3.4%	3.4%	0.2%	—
(8)你认为课本中的知识点讲解,对你来讲来效果最好的方式是(　) A.先用课件展示让学生看,再讲解 B.先讲解,再用课件展示 C.边讲解边用课件展示 D.不管哪种方式,效果都一样	选项	A	B	C	D	E	F	G	H
	比例	20.7%	6.9%	69.0%	3.4%	—	—	—	—
(9)教师上课使用课件,什么时候板书比用课件展示效果更好(　) A.重点内容　　B.难点内容 C.解题步骤　　D.演算过程 E.课堂小结　　F.画图	选项	A	B	C	D	E	F	G	H
	比例	31.0%	17.2%	13.8%	27.6%	10.3%	0.1%	—	—

续表

课后调查问卷	选择占总人数百分比								
	选项	A	B	C	D	E	F	G	H
(10)你觉得教师上课时播放课件的速度( ) A.非常快　B.比较快 C.快　D.速度一般,正适合 E.有时快有时慢 F.慢　G.很慢	比例	0	0	0	96.6	0	3.4	0	—
	选项	A	B	C	D	E	F	G	H
(11)从一张幻灯片切换到另一张幻灯片,你觉得需要不需要提示的音乐( ) A.不需要,它分散注意力 B.需要,它能提醒注意 C.无所谓	比例	13.8%	72.4%	13.8%	—	—	—	—	—
	选项	A	B	C	D	E	F	G	H
(12)教师在播放课件时,你记笔记吗( ) A.记笔记 B.有时记,有时不记 C.很少记 D.不记	比例	79.3%	20.7%	0	0	—	—	—	—
	选项	A	B	C	D	E	F	G	H
(13)你认为课件中字体、画面的颜色应该( ) A.从头到尾用统一色调,不要换来换去 B.每隔几张要变换颜色 C.每张都应该用不同的颜色 D.整体底色要保持不变,但重点内容要用不同的颜色 E.无所谓	比例	6.9%	20.7%	6.9%	65.5%	0	—	—	—

2. 观察结果分析

课件上文字大小适中,字体的颜色为黑色,清晰可见。课件内容的容量适度,只有8张,每张最多只有7行字,学生看了一目了然。教师播放课件的速度也恰当,学生能跟上节奏。这些与课后问卷调查结果基本一致。如有89.7%的学生认为字体大小适中,有44.8%的学生喜欢白底,有72.4%的学生喜欢黑色字体。

一张幻灯片显示几行字,调查结果显示:有20.7%的学生认为3~4行适宜,有41.4%的学生认为5~6行适宜,有27.6%的学生认为7~8行适宜。结合我们课堂观察与教学实践经验,我们认为一张幻灯片字的行数为5～6行适宜。一节课制作多少张幻灯片适宜,调查结果显示:有17.2%的学生认为5～10张适宜,有10.3%的学生认为10～15张适宜,有55.2%的学生认为15～20张适宜,有10.3%的学生认为20～25张适宜,有3.4%的学生认为25～30张适宜,有3.4%的学生认为更多张数,仅有0.2%的学生认为无所谓多少张。从课堂教学的实际情况和学生的接受能力来看,10～15张适宜,最多不能超过20张。

但是,第12题的调查问卷结果仍然与课堂观察不符。从课堂观察看很少有学生记笔记,除非教师上课时要求,但调查问卷结果显示有79.3%的学生记笔记,有20.7%的学生有时记有时不记。出现这种现象的原因与前面一样,是学生认为记笔记是良好的方法,在选择此题时学生没有根据实际情况去选择,而是根据是非好坏做出判断。

3. 教学建议

课件中的文字大小、字体的颜色、背景、播放的方式与速度,按照上次提出的策略和方法去做是适当的,它们符合学生的认知要求,今后应用交互式电子白板进行教学时宜采用。课件的容量调查有点分歧,但结合经验我们以为一张幻灯片含文字5～6行为宜,一节课幻灯片的张数15张左右,这样才能做到简洁、美观、适度。在播放时,教师要结合幻灯片的内容边播放边讲解,同时要引导学生观看与思考。

(二)情境创设观察

情境创设的方式方法多种多样,教师只要选择切合教材内容、符合学生认知能力的都可以。这节课教师没有用动画、视频、实验等常见的情境创设,而是用复习、提问的形式来引入新课。那么,教学效果如何呢? 它与常见的情境创设方法相比,哪个更有效? 我们小组以此为观察点进行观察。

1. 观察表及观察结果

对情境创设情况的观察结果见表4.9。

表4.9　对情境创设情况的观察结果

观察内容＼教学环节		新课导入环节		环节一		环节二	
预设情境内容		复习、问题:(1),(2),(3)(见教学设计)		—		问题	
能否引起学生兴趣并保持关注	学生表情(兴奋/一般/无所谓)	一般		—		一般	
	学习行为(观察、倾听、讨论、思考、计算)及参与度	行为	参与人数	行为	参与人数	行为	参与人数
		部分人翻书、低头、认真听,思考	40人左右	—	—	阅读、思考	40人左右
	没有参与的人数	复习有十几人没有抬头看		—		三四人	
与目标的关联性	情境创设是否有利于达成目标	不利于		—		有利于	
	学生是否达到了学习目标	基本达到		—		达到	

2. 观察结果分析

复习情境一开始学生不能立即进入学习状态,这与视频有很大的差距。视频能很快地抓住学生的注意力,吸引学生的眼球。而对于复习,学生是慢悠悠,等到教师提问找学生回答了,他们才慢慢地进入角色。复习时,教师如何开场白是很重要的,教师应该用简洁、生动的语言把学生吸引到问题上来。

后面三个问题设置较好,既复习旧知识,又引导学生进行新知识的探究,但是形式显得有点单调,教学方式缺少了灵活性。

3. 教学建议

如果创设问题情境引入新课,教师的语言一定要干练、生动。设置的问题要经过深思熟虑,既能复习旧知识,也能引导学生进一步思考探究,且要有一定的深度,目标的指向性要很明确。

教学方式要灵活多样,不能一成不变。教师应该借助于信息技术手段来丰富教学形式。如短路的情境,教师可以展示短路的图片或发生短路的视频,让学生观看,这比教师单纯用语言讲解生动得多。学生看完后,再让学生思考讨论为什么会出现这种现象,这样可以调动学生学习的主动性。

(三)交互式电子白板板书与黑板板书对比效果观察

板书问题是我们在研究过程所遇到的最棘手的问题。根据前期的研究,我们提出了白板笔书写、黑板板书、白板直接展示三者相结合的观点,且认为必要的内容要在黑板上板书。但缺少操作的指导,具体怎样结合,需要教师根据教学内容自己去把握,这就增加了操作的难度。前几次课堂观察,教师的板书是不尽人意的,怎样去改善,去提高,需要我们在教学实践中去探索。为此,我们小组选择此观察点进行观察,试图寻找有效的板书方法。

1. 观察表及观察结果

对交互式电子白板板书与黑板板书对比效果的观察结果见表4.10。

表4.10 对白板板书和黑板板书对比效果的观察结果

观察内容	教学环节	引入新课	(一)测量小灯泡的电阻	(二)短路的危害	课堂小结
白板直接展示	内容	标题问题(略)	原理、实验步骤、数据及处理、实验结论等	(1)什么是短路?(2)问题(略)	内容概括(略)
	学生关注程度	认真	认真,极少数人记笔记	大多数人认真,极少数人记笔记	三分之一人不看
	停留时间	3分钟	每张停留约1~2分钟	5分钟	1分钟
白板板书	内容	无	教师在白板上画电路图,连实物图;学生填写实验数据	无	无
	学生关注程度	—	一般	—	—
	停留时间	—	5分钟	—	—
黑板板书	内容	标题	(1)测量小灯泡的电阻;(2)导体电阻与温度有关 $R=U/I$;设计电路图连接实物图	(3)理解短路的危害	无
	学生关注程度	抬头看	教师一个人写,很少人抬头看	教师一个人写,很少人抬头看	—
	停留时间	一直	17分30秒	一直	—

2. 观察结果分析

这节课教师使用了三种方式展示文字材料,一是电子白板直接展示,二是用白板笔书写,三是用粉笔书写。前两种方式使用效果较好,学生都能认真观看。到用粉笔板书时,似乎教师是为了板书而板书,每次都在要求学生看书时书写,好像有意要趁学生不注意时书写似的。这样用粉笔板书让学生加深理解、巩固记忆的目的就失去了,这种板书真是可有可无。另外,有些粉笔板书的内容在幻灯片上已经展示过了,紧接着再写一遍,似乎没有多大意义,显然也是为了板书而板书。相反,利用电子白板笔书写,由于其色彩多变,颜色鲜艳,且使用方便,能够随时书写,对学生有很大的吸引力。但是它的缺点是保存时间不长,随着页面的下翻不断隐去。尽管白板有回放功能,但操作起来,找到需要的内容,还要耽搁一定的时间。

3. 教学建议

电子白板直接展示,在制作时只要按照前面的策略和方法去做,简洁明了,便有利于学生学习,这在以后需要进一步保持。用白板笔书写,可以根据需要即时书写,且色彩多变,它的优点是其他两种方式无法替代的,需要进一步发扬光大。至于用粉笔板书,时机要把握得当,不能抽空去写,板书时要让全体学生观看并识记。板书的内容要事先设计好,一定要把一节课的主要内容以概略的形式保留在黑板上,让学生一目了然。另外,在幻灯片上已经显示的内容,无须再在黑板上重复写一遍。

(四)动画、视频与实验的融合观察

动画、视频与实验的融合,我们前面已经积累了很多经验。对这些经验加以整理,我们提出了动画、视频与实验相结合的策略和方法,供教师在教学实践中使用。但在实际的应用中,又会遇到各种各样的问题,有些问题是我们不曾料想的,只有在不断的实践中寻找对策。为此,我们小组继续选择这个点进行课堂观察研究。

1. 观察表及观察结果

对动画、视频与实验的融合情况的观察结果见表4.11。

表4.11 对动画、视频与实验的融合情况的观察结果

观察内容＼效果	观看人数	学生反应	实验/播放时间	方式	效果
动画	全部	认真看,易受干扰	40秒	播放无讲解	较好
分组实验	全部	投入、兴奋	10分	学生做,教师指导	好
演示实验	有2~3人不认真	认真看,稍兴奋	40秒	边播放边讲解	较好

2. 观察结果分析

教师从交互式电子白板资源库中调用动画,来进行电路的设计与实验的连接示范,这一步能够很好地吸引学生的注意力,且利用它来示范,形象直观,利于学生掌握。但问题在于教师操作不熟练,导致占用时间过长。另一方面,课堂教学成了教师的一言堂。

分组实验在示范之后进行,这一处理是很得当的,学生做实验不再盲目,从课堂观察来看,学生能够顺利地进行实验,得出实验数据。动手实验,学生的热情非常高,做实验也很投入,这是动画、视频无法做到的。

学生对演示实验的热情比分组实验要低一点,但明显比动画、视频要强。实验时,教师演示要讲究一些技巧,演示之前可以让学生先预测实验结果,也可以直接让学生去做。教师做实验时,要尽可能让全体学生观察到,不能只面对几个学生。

3. 教学建议

教师要对交互式电子白板工具栏了如指掌,要能够非常熟练地使用电子白板上每一种工具,这样既可以节约时间,也可以吸引学生的注意力。在设计电路和调用实验器材时,师生可以互动,让学生自己根据原理选择器材,再由学生到黑板上连接实物,不要教师一个人自说自画。另外,这个示范讲解也可以用电学仿真实验室来做,其效果更逼真。

学生在做实验时,一些学生不会连接实物,此时除了教师现场指导外,也可以把仿真的实物连接图保留在电子白板上,让学生参考。

第四节　课堂观察课例三：光世界巡行

课题小组在上述的观察基础上，对教师授课过程中存在的问题进行了总结后，在新市初中又进行了教学观察，期望教师能在授课过程中，自觉地按照课题研究小组制定的教学策略和方法进行授课，并在观察中和传统课堂教学进行对照。

一、教学设计

【教学目标】

[知识与技能]

(1)了解光的用途，知道光与人类生活密切相关。

(2)知道光在同一种均匀介质中沿直线传播，并能用来解释影子的形成等现象。

(3)知道光在不同介质中传播速度不同，记住真空中的光速。

[过程与方法]

(1)通过观察、思考、上网查阅资料等，了解光对人类生活的意义。

(2)经历研究光的直线传播规律的过程，重点培养设计实验(主要是显示光路)的能力。

(3)学会用"光线"描述光的传播路径和方向，学习用作图法分析影子的成因等光学现象。

[情感态度与价值观]

通过学习光的用途，意识到物理知识与我们身边的自然现象、生活现象和社会实际密切相连，从而激发认识"光"、研究"光"的兴趣。

【教学重点】光的直线传播。

【教学难点】建立"光线"这一模型，并运用"光线"分析影子的成因等现象。

【教学方法】讲授法、观察法、多媒体、讨论法、实验演示。

【教学过程】

(一)引入新课

视频引入(日食):请同学们观看"日食"视频。——播放视频。

刚才这段简短视频,你看到它描述的是什么吗? ——日食。

今天,我们学习有关光的知识《13.1　光世界巡行》,通过这节课的学习,我们就会明白日食是怎样发生的了。

(二)新课教学

1. 光的作用——光能为我们做些什么

师:我们的生活离不开光,光每天都为我们服务。那么,光能为我们做些什么?

学生讨论举例回答。

师:既然光这么重要,那么光是什么?

学生阅读课本,回答问题。

2. 光是怎样传播的

(1)光源的概念。

师:夜晚的迷人灯光、焰火等可以发出光,这些现象都和光有关。那么,光来自何处?

学生阅读课本,讨论交流。

师:是的,是从光源发出来的。除了课本上举的例子,你还知道哪些物体能够发光吗?

学生讨论交流。

师:很好,刚才同学们说出了好多本身能够发光的物体,我们就把这些能够发光的物体称之为光源。

边学边练1:下列哪一组都是光源(　　　　)

A.电池和萤火虫　　　　　　B.烛焰和月亮

C.太阳和月亮　　　　　　　D.萤火虫和烛焰

(2)光的直线传播。

①提出问题:光从光源发出后,它的传播路径是怎样的? 例如舞台上"扫射"的光束,手电筒射出的光柱等。

②猜想：这些现象都表明,光在空气中是沿直线传播的。

师：同学们都猜想光是沿直线传播的,可科学是严谨的,仅仅靠猜想是不够的,怎样检验我们的猜想的正确性呢？

生：需要用实验的方法去检验。

师：好,今天,同学们就用实验桌上这些简单的器材去大胆设计实验,验证我们的猜想是否正确,请同学们边讨论边设计实验。

③设计并进行实验。

教师演示：观察光在各种介质中的传播路径,以及盛有滴入少许牛奶的清水的大烧杯、充满烟雾的深色大可乐瓶、玻璃砖、光屏、果冻(大块的)、激光笔等。

为了显示光路,让学生进行观察,在观察中发现问题。

教师演示：在激光笔的前端放一块玻璃砖,让学生观察当光在传播过程中遇到两种介质的分界面时,光的传播方向将发生改变。

观察光点在墙壁的位置,从而证明光在同种均匀物质中沿直线传播。

④分析论证：光在同一种均匀介质中是沿直线传播的。

边学边练2：木匠师傅为了检查一块木板是否直,常采用的方法是：闭着一只眼睛,用另一只眼睛沿着棱的长度方向看去。这样做是利用了

_____。

(3)光线。

师：知道了光在同一种均匀介质中沿直线传播,那么我们如何描述光呢？我找两个同学到黑板上画出来。

学生依据日常生活经验及对光的认识画出光的表示方法。

师：同学们画得都很好,我们就用一条直线表示光的传播路径,用箭头代表光的传播方向。这样的表示方法体现了我们物理学上的简单之美,光线实际上是不存在的,是人们用来表示光的传播路线的一种方法,是一种理想模型。

(4)影子的成因。

师：我们知道了光在同一种均匀介质中沿直线传播,你还知道哪些例子吗？解释那些常见的光现象。

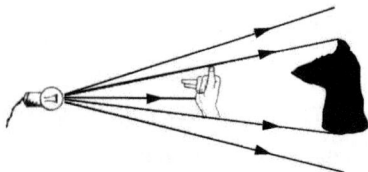

播放视频(引入手影戏)。

看完手影戏后,先让学生讨论并阐述影子的成因,然后引导学生尝试画光路图,进行分析(如图所示)。

播放多媒体动画课件——日食和月食的形成,用光路图来说明;结合日食和月食的学习,可以对学生进行破除迷信的思想教育。

列举日常生活中光沿直线传播的一些例子,让学生解释,如射击瞄准、激光准直等。

动手动脑学物理:你能解释为什么"坐井观天,所见甚小"吗? 能根据光的直线传播原理画图说明吗?

(5)光的传播有多快?

光的传播需要时间吗? 打雷时,我们先看到闪电后听到雷声,为什么呢?让学生自学教材后总结。

①光在真空中传播得最快,约为$v=3.0 \times 10^8$m/s;

②光在不同的介质中传播的速度是不同的。

(三)课堂小结

同学们,经过本节课的学习,你学到了哪些有关光的知识呢?

(1)光能为我们做些什么?

(2)光是什么?

(3)什么是光源?

(4)光是怎样传播的?

(5)光的速度是多少?

二、教学反思

这节课内容包括几个部分:一是光源,二是光是怎样传播的,三是光线,四是光的传播路径,五是光的色散。根据教学实际情况以及学生既有知识程度,教师对教材内容进行了取舍,把光的色散内容留到下一节去讲。这样在教学时间上比较充足,有利于学生知识的学习与掌握。

学生睁开眼睛就能看到光,这是非常常见的自然现象。这节课的教学资源丰富,可以充分发挥信息技术的优势。教师在网上搜索了很多相关的资料,用来丰富教学内容,像日全食视频、城市的夜景、各种激光灯、小孔成像、动画、手影等。同时,教师也准备了几个实验。这样整节课图片、视频、动画、实验交错进行,形式多样,打破了课堂教学的沉闷,学生一直处在一种兴奋的状态中,提高了学生的学习兴趣,让学生在一种快乐的气氛中学习。

以往的教学,教师常常是把一节课内容全部讲完,有时间再进行适当的练习,自己讲得很多也很累,学生听得也很疲劳。这节课教师变更了一下教学方式,根据教学内容把这节课分成四个独立的环节,每个环节内容讲完,立即进行巩固练习。这样做的目的是让学生把所学知识适时进行应用,促进知识的内化,也加强知识的巩固与迁移。从课堂上学生的反应来看,这样做教学效果不错。

这节课存在的问题是在实验引导时讲解的过多,比如月食、日食的形成,播放视频后,详细地作了讲解,但学生似乎并没有认真去听,尤其少部分学生表现出不耐烦。这里应该交给学生,让学生自己去说明其中的道理。这样就会调动全体学生参与到课堂教学中来,也会让更多的学生思考问题,提高课堂教学的效率。

除此之外,实验做得不理想。演示实验必须要有一定的能见度。光的直线传播实验,能见度较低,只能一个个地让学生凑近去看,即使如此,效果也不佳,这个实验有待进一步改进。光沿直线传播的条件,教师是用平面镜反射光来说明的,这个实验设计也不好。因为书中说的是光在同一种均匀的物质中沿直线传播。实验应该在同一种不均匀的物质中进行,光发生弯曲,这样效果就更好,更有说服力。

最后,需要反思的是信息技术的使用,诚如有的教师在课后讨论时所讲,电子白板播放动画、视频绝对不能代替物理实验。实验是物理学的基础,实验不仅能培养学生的观察能力、动手操作能力、理论应用于实践的能力,更重要的还能培养学生团结协作的意识和团队精神,这是视频、动画无法替代的。教学中该做的实验一定要做,教师应该想方设法创造条件让学生动手去实验,而不是用视频、动画替代实验。

三、教学点评

本节课是八年级上册第三章第一节内容,是学生有生活经验的内容。教材从"光能为我们做些什么"入手,将学生带进绚丽多彩的光世界中。教材中列出了光能使我们看见物体、植物的光合作用、太阳能汽车、光导纤维等，说明光的重要性。

授课教师运用多媒体大屏幕，展示了壮丽的黄山日出、静谧的三潭印月、神奇的海市蜃楼、旖旎的湖光山色、城市的夜灯、闪烁的银河、春天里山花烂漫、神奇的日食和月食，将学生带进了魔幻的光世界，让学生充满了好奇，也充满了乐趣。

接着，授课教师让学生从自身的观察出发，畅谈光的作用。在这种氛围下，学生畅所欲言，气氛达到了一个小高潮。

在这样的气氛下，授课教师话锋一转，"既然光这么重要，那么关于光，你还想知道什么？要想知道光的有关知识，请同学们阅读教材。"

学生饶有兴趣地开始阅读教材，约10分钟，教师开始提问：(1)什么是光源?(2)光是怎样传播的?(3)光在真空中的传播速度有多大?(4)光年是什么单位？1光年的数值是多少?(5)你能解释为什么吗？

学生争先恐后地回答，教师根据学生的回答做了必要的补充。如光源，强调了是直接发光的物体，像月亮的光不是直接发光的，而是太阳的反射光，就不能称之为光源。物体在同一种均匀物质中沿直线传播，在不同种物质中，就不能说沿直线传播。"坐井观天，所见甚小"是由光的直线传播造成的，"影"也是由光的直线传播造成的。日食、月食是影子，那也是由光直线传播形成的。木匠师傅吊线，也是应用了光的直线传播原理。

授课教师做了必要的解释后，着手用器材演示了光在同一种均匀物质中沿直线传播，在不同种物质中光线的方向发生了变化，为后面学习光的反射打下了一个很好的基础。

从上述的教学片段中可看出，授课教师这节课做了精心的准备，选择的画面震撼人心，让学生在这种氛围中有了强烈的学习冲动。再通过学生的阅读，师生间的讨论，轻松地完成了本节课的教学任务。教师在课堂上发挥了学生的主体作用，也体现出了教师的主导作用。整节课，课堂气氛活跃，师生互动频繁。当然，这节课学习的是光的初步知识，学生可能还有很多疑惑，但学习是个渐进的过程，不可能做到一步到位。教师要做到心中有数，该讲到什么深度就讲到什么深度。

四、观察结果

(一)课件制作观察

这节课的教学流程包括五个环节,这五个环节都使用了白板教学,并大量使用了文字、图形、动画等。课件有20多张,制作中用了不同的背景颜色,文字也有大有小,而且整个课件色彩以浅蓝为主,一些重点内容用红色标示。因此,上课时不同字体的颜色、字号的大小对学生的反应,图形、动画对学生的吸引力,教师在上课时怎样播放课件,课件播放的时机、速度以及学生的注意程度,这些都需要在课堂教学中反复地观察研究。

1. 观察表及观察结果

对课件制作情况的观察结果和问卷调查结果分别见表4.12和4.13。

表4.12　对课件制作的观察结果

观察内容	教学环节	新课引入	光能为我们做什么	光源	光的直线传播	光速	课堂小结
课件设计	(1)文字(大小、颜色)	合适	合适	合适	合适	合适	合适
	(2)声像(色彩、清晰度)	清晰	清晰	清晰	清晰	清晰	清晰
	(3)一张幻灯片的容量	合理	合理	合理	合理	合理	合理
	(4)整体布局	合理	合理	合理	合理	合理	合理
课件演示	(5)时机	合理	合理	合理	合理	合理	合理
	(6)速度(快/中等/慢)	中等	中等	中等	中等	中等	中等
	(7)站位	讲台附近	讲台附近	讲台附近	讲台附近	讲台附近	讲台附近
	(8)配合讲解	是	是	是	配音	是	是
	(9)学生反应(面部表情、人数)	兴奋	兴奋	一般	一般	兴奋	一般

表4.13　对课件制作的问卷调查结果

课后调查问卷	选择占总人数百分比								
(1)你认为教师课件中的字号大小(　　) A.很大　　B.较大 C.大小正好　D.时大时小 E.较小	选项	A	B	C	D	E	F	G	H
	比例	11.5%	4.2%	69.2%	11.5%	3.6%	—	—	—

续表

课后调查问卷	选择占总人数百分比							
(2)你认为课件中字体最适合采用的颜色是(　) A.黑色　B.红色　C.绿色 D.黄色　E.蓝色　F.灰色 G.紫色	选项	A	B	C	D	E	F	G	H
	比例	46.2%	11.5%	7.7%	7.7%	26.9%	0	0	—
(3)课件的底色你喜欢什么颜色 (　) A.白色　B.灰色　C.黑色 D.浅紫色　E.浅蓝色 F.浅红色　G.浅黄色 H.浅绿色	选项	A	B	C	D	E	F	G	H
	比例	43.1%	0	11.5%	19.2%	20.9%	5.3%	0	0
(4)你喜欢课件插入视频或动画吗(　) A.非常喜欢　B.比较喜欢 C.喜欢　D.不喜欢 E.很不喜欢	选项	A	B	C	D	E	F	G	H
	比例	57.7%	23.1%	11.5%	7.7%	0	—	—	—
(5)一张幻灯片上显示几行字最适合你阅读(　) A.1~2行　B.3~4行 C.5~6行　D.7~8行 E.9~10行 F.无所谓多少行	选项	A	B	C	D	E	F	G	H
	比例	11.5%	7.7%	30.8%	7.7%	11.5%	30.8%	—	—
(6)你觉得课件中视频或动画的作用是(　) A.仅仅好玩,对学习没有什么帮助 B.能吸引人的注意力,帮助对知识的理解 C.能增强学习的兴趣,促进探索的欲望 D.可有可无	选项	A	B	C	D	E	F	G	H
	比例	3.8%	42.3%	46.2%	7.7%	—	—	—	—
(7)你认为一节课教师放多少张幻灯片,对你上课听课的效果最好(　) A.5~10张　B.10~15张 C.15~20张　D.20~25张 E.25~30张　F.更多	选项	A	B	C	D	E	F	G	H
	比例	46.2%	7.7%	26.9%	7.7%	3.8%	7.7%	—	—

续表

课后调查问卷	选择占总人数百分比							
(8)你认为课本中的知识点讲解，对你来讲效果最好的方式是（　　） A.先用课件展示让学生看，再讲解 B.先讲解，再用课件展示 C.边讲解边用课件展示 D.不管哪种方式，效果都一样	选项	A	B	C	D	E	F	G	H
	比例	19.2%	23.1%	50.0%	7.7%	—			
(9)教师上课使用课件，什么时候板书比用课件展示效果更好（　　） A.重点内容　　B.难点内容 C.解题步骤　　D.演算过程 E.课堂小结　　F.画图	选项	A	B	C	D	E	F	G	H
	比例	15.4%	15.4%	19.3%	34.6%	11.5%	3.8%		
(10)你觉得教师上课时播放课件的速度（　　） A.非常快　　B.比较 C.快　　　　D.速度一般，正合适 E.有时快有时慢 E.慢　　　　G.很慢	选项	A	B	C	D	E	F	G	H
	比例	0.1%	3.8%	15.4%	65.4%	11.5%	3.8%	—	—
(11)从一张幻灯片切换到另一张幻灯片，你觉得需要不需要提示的音乐（　　） A.不需要，它分散注意力 B.需要，它能提醒注意 C.无所谓 D.有时需要	选项	A	B	C	D	E	F	G	H
	比例	3.9%	80.8%	11.5%	3.8%	—	—		
(12)教师在播放课件时，你记笔记吗（　　） A.播放速度快了，来不及记笔记 B.只顾观看课件和听老师讲解，想不起来记 C.课件上东西多，不知道记什么好 D.老师提示时就记，不提示就不记 E.其他	选项	A	B	C	D	E	F	G	H
	比例	53.8%	7.7%	3.8%	23.2%	11.5%	—	—	—

续表

课后调查问卷	选择占总人数百分比							
(13)你认为课件中字体、画面的颜色应该(　　) A.从头到尾用统一色调，不要换来换去 B.每隔几张要变换颜色 C.每张都应该用不同的颜色 D.整体底色要保持不变，但重点内容要用不同的颜色 E.无所谓	选项	A	B	C	D	E	F	G	H
	比例	19.3%	19.2%	26.9%	30.8%	3.8%	—	—	—
(14)你觉得教师使用电子白板时，是用白板笔在白板上书写好，还是用粉笔在黑板上书写好(　　) A.在电子白板上书写效果好 B.在黑板上书写效果好 C.无所谓 D.两者结合使用	选项	A	B	C	D	E	F	G	H
	比例	34.6%	26.9%	11.6%	26.9%	—	—	—	—

2. 观察结果分析

字采用宋体三号字，大小适中，69.2%的学生认为正好。字体的颜色、课件的底色能满足大多数学生的要求，看得比较清楚。一节课播放5~10张幻灯片是恰当的，调查显示有46.2%的学生认同。教师边播放课件边作讲解，这种教学方式较好，有50.0%的学生认可。课件播放的速度，这次降了下来，65.4%的学生认为适中，但仍有15.4%的学生认为快了。关于幻灯片切换时的提示音，我们原以为不需要，认为它干扰了学生的学习，但抽查显示，80.8%的学生认为需要，学生认为它能提醒注意。这节课的动画、视频的效果很好，在播放时迅速吸引了学生的眼球，说明学生对此很感兴趣。

3. 教学建议

课件的内容宜少不宜多，课件制作要做到简洁、美观大方，这样适宜学生观看，也较适合学生记笔记。在播放课件时，还要再慢一点，以便让更多的学生能跟上课堂教学的节奏。同时，对重点内容要提醒学生记笔记或在书上标记。

(二)情境创设观察

通过前几次的课堂观察,我们发现教师对情境创设不够重视,情境的选择有点随便,目的不明确,其教学效果不甚理想。课题组讨论后提出建议,情境创设要有目的性,一定要针对教学目标,创设的情境要简洁、明了,要能够直奔主题。情境创设可以提出一些问题,再让学生观察动画、视频等;也可以先观看后提问,方式可以灵活。一个情境无论是哪种,应该控制在1分钟内。为此,我们再以此为观察点进行课堂观察。

1. 观察表及观察结果

对情境创设情况的观察见表4.14。

表4.14 对情境创设情况的观察结果

教学环节 / 观察内容		新课导入环节	新课讲授环节							
			光能为我们做什么		光源		光的直线传播		光速	
预设情境内容		(1)昨晚发生的月食 (2)视频:日食	四幅图		三幅图		实验:光在水中、气体中沿直线传播		问题:电闪雷鸣时,为何先看到光	
能否引起学生兴趣并保持关注	学习表情(兴奋/一般/无所谓)	(1)兴奋 (2)一般	兴奋		一般		兴奋		一般	
	学习行为(观察/倾听/讨论/思考计算)及参与度	行为 / 参与人数	行为	参与人数	行为	参与人数	行为	参与人数	行为	参与人数
		认真观察 / 接近全部	观察	大部分	观察	全部	倾听、思考	接近全部	倾听、思考	接近全部
	没有参与的人数	优等生 0人	优等生	0人	优等生	0人	优等生	0人	优等生	0人
		中等生 2人	中等生	1人	中等生	0人	中等生	0人	中等生	2人
		学困生 4人	学困生	3人	学困生	0人	学困生	2人	学困生	4人

续表

教学环节　　观察内容		新课导入环节	新课讲授环节			
			光能为我们做什么	光源	光的直线传播	光速
与目标的关联性	情境创设是否有利于达成目标	有利于	有利于	有利于	有利于	有利于
	学生是否达到了学习目标	基本达到	达到	达到	基本达到	达到

2. 观察结果分析

本节课创设的四个情境都能很好地吸引学生的注意力,尤其是实验,学生的情绪较高,几乎吸引了所有学生的目光。在播放动画、图片或视频时,学生能够认真观看,专心听讲。但情境一用来引入新课,感觉单一,与"光世界巡行"主题相比显得视角较小,这样引出下文"光能为我们做什么"有点牵强附会。情境二、三的图片很炫目,与主题直接相关,直观形象,学生一目了然。情境四的实验,学生很兴奋,很多人脸上露出灿烂的笑容。这表明学生对实验非常感兴趣,其情趣之高远大于动画、视频等,而且实验结果简单明了,学生一看便知,且记忆深刻。情境五是个问题情境,虽然有许多学生积极参与回答,但效果明显不及实验、动画和视频等,而且课堂教学时有几个学生没有参与其中。

3. 教学建议

情境一用日食视频欠妥,它用来说明光的直线传播较好,而且引入的时间为2分46秒,用时较多,引入应当简洁明了,直奔主题。

情境二的实验,光在水中沿直线传播实验效果不佳。最好在水中滴入几滴牛奶,使光的传播路径更加清晰。总体来看,学生非常喜爱实验,上课能做实验的尽量做实验,不要用动画、视频替代。

情境创设时没有预留足够时间给学生思考就直接给出结论或答案,这不利于培养学生的思维能力。情境创设的目的不是为了让学生看热闹,而是要引导学生思考,引导学生探究,激发他们的求知欲望。所以,情境创设后要给予学生足够的思考时间,并要给予引导、点拨。不然,学生只是看得热闹,失去了教育的价值。

(三)交互式电子白板板书与黑板板书对比效果观察

经过多次课堂观察、研讨,板书到底用什么方式好,仍然有着很多争论,意见无法统一,也找不到有效的解决办法。很多教师上课用了电子白板,黑板板书几乎为零。原因在于交互式电子白板自带书写笔可以在白板上板书。一些教师坚持认为:用白板笔写和用粉笔写两者是一样的,何必多此一举呢?所以,教师要不要在黑板上板书:如果需要,应在什么时候板书,内容多少为宜?黑板上板书对学生学习到底有没有好处? 这些问题需要进一步地实践研究。为此,我们以此为观察点进行课堂观察。

1. 观察表及观察结果

对交互式电子白板板书与黑板板书对比效果的观察结果见表4.15。

表4.15 对白板板书与黑板板书对比效果的观察结果

观察内容	教学环节	新课引入	光能为我们做什么	光源	光的直线传播	光速	课堂总结
白板直接展示	内容	标题	光的作用(略)	定义举例(略)	结论条件(略)	光速(略)	四点(见教学设计)
	学生关注程度	认真看	认真看	认真看	认真看	认真看	认真看
	停留时间	15秒	1分40秒	3分35秒	3分30秒		约1分
白板板书	内容	—	—	练习	练习	练习	—
	学生关注程度	—	—	认真看	认真看	认真看	—
	停留时间	—	—	30秒	1分	约2分	—
黑板板书	内容	—	—	定义	结论(略),画图	光速(略)	—
	时机	—	—	幻灯片展示后	幻灯片展示后	提出问题后	—
	学生关注程度	—	—	认真看	认真看	认真看	—
	停留时间	—	—	一直	一直	一直	—

2. 观察结果分析

这节课的大部分内容都是用幻灯片直接展示的,且这些内容是事先预设的,教师上课只是按照程序进行,点击鼠标便可。上课的节奏可以控制,当发现时间不足时,如讲解"光的传播有多快"时,教师便加快点击速度。学生仍然有一种习惯,当教学中用幻灯片时,学生很少自觉地记笔记,除非教师提醒。

教师板书给人一种感觉,好像是为了板书而板书。比如"光源""光的直线传播""光速"等,已经用幻灯片展示了,紧接着教师再在黑板上重写一遍。这样教师在书写时学生再看,无疑是一种时间上的浪费。有些问题完全可以用电子白板板书或黑板板书,不需要事先准备的。这不仅给学生充分的思考时间,而且也增加了课堂的互动,有利于提高教学效果。再比如,光线、小孔成像的光路图,可以边讲边画,也可以让学生先画,再找学生到黑板上画。

课堂小结部分,这次有了改进,但仍然不足:一是时间仓促,赶时间;二是方式单一;三是教师讲解只是面对学生,没有与电子白板展示相结合。

3. 教学建议

幻灯片直接展示的内容,如果文字过多,给学生看的时间要充足,要充分考虑每一个学生的阅读能力。直接展示时不能一闪而过,教师要引导学生认真观看,要把展示与讲解结合起来,必要时提醒学生记笔记。

不要把所有的内容都用幻灯片事先准备好,课堂教学中要有生成的东西。这节课的内容像光线、影子的形成、坐井观天等完全可以用电子白板板书或黑板板书,这样师生互动效果会更好。

在幻灯片上已经展示的内容,紧接着在黑板上再重写一遍是浪费时间。教师在教学设计时,应该考虑到这一点。可以把重点内容在黑板上板书,而在幻灯片上则展示动画、视频、练习或其他非重点的内容。这样黑板与幻灯片交互使用,相互不重叠,教学效果会更好。

(四)动画、视频与实验的融合观察

动画、视频越多,一节课是否就越有效,学生学习效果就越好呢?这是我们课堂观察中遇到的一个新问题。这节课教师用了很多个动画、视频来丰富教学内容,提高学生的学习兴趣,可谓令人眼花缭乱。我们在前几次课堂观察中发现,教师在备课时往往只考虑自己的设计,忽略了学生。尽管讲道理都知道备课时要分析学情,但实际上很多时候教师是想当然地认为学生应该知道,应该能懂。这节课教师准备了这么多动画、视频,显然只是从教师的角度来考虑的,在实际的教学中它们到底能起到多大的作用?它们真的能如教师所愿吗?我们前面提出不能用动画、视频取代实验,教师还是这么做,他的教学能有效吗?教学中教师应当怎样合理地使用动画、视频,需要我们深入地进行课堂观察研究。

1. 观察表及观察结果

对动画视频与实验的融合情况的观察结果见表4.16。

表4.16　对动画、视频与实验的融合情况的观察结果

观察内容＼效果	观看人数	学生反应	播放时间	方式	效果
视频:日食	全部	认真看,易受干扰	40秒	播放无讲解	一般
实验:光的直线传播	全部	伸着头,笑、投入、兴奋	4分	边做边讲解	好
视频:手影	全部	认真看,情况投入、兴奋	30秒	播放后解释	好
动画:光照射熊	有2~3人不认真	认真看,不时兴奋	1分20秒	边播放边讲解	较好
动画:日食形成	全部	认真看,不时兴奋	55秒	配音讲解,再解释	较好
动画:月食形成	有2~3人不认真	认真看,不时兴奋	30秒	配音讲解,再解释	较好
动画:小孔成像	全部	认真看,不时兴奋	1分5秒	配音讲解	较好

2. 观察结果分析

动画、视频确实能够提高学生的学习兴趣,吸引学生的注意力,但是,学生更感兴趣的是实验。当教师演示实验时,学生明显处于兴奋状态,几乎每个人伸长着脖子认真观看,这是动画、视频达不到的效果。所以,在教学中能做实验的,教师不能为了省事或节省时间而不做实验。如这节课的动画,光照射熊、小孔成像,完全可以用实验去做,没有必要用动画代替。因为在观看时,学生的兴奋点明显降低。如果这里是实验,其效果一定会更好。

另外,动画、视频有点多了,到后面的教学明显感觉到学生有点视觉疲劳了,少了开始时的兴奋,似乎觉得没有什么好奇的了。

教学的目的不是让学生记忆知识,而是培养学生的学习能力。这节课在动画、视频播放时存在一些问题,给人印象像是放电影的,整个教学过程缺少学生思维的锻炼。

3. 教学建议

一节课不需要用那么多的动画、视频,多了则会降低学生的兴奋点。动画光照射熊、月食等可以删除。像日食教室中无法演示的用动画解释,小孔成像完全可以直接做实验,效果会更好。教学的最终目的是培养学生的学习能力,所以在播放之前,要让学生思考,在头脑中想象,甚至可以让学生先讨论,最后再播放。无论是边播放边讲解,还是有配音讲解,这都不是最好的方式。因为这就像看电影,只记住了故事情节,而且人的短时记忆能力有限,不可能短时间内记下那么多内容。所以,在播放前,可以设置一些问题,引导学生思考,让学生带着问题去看。观看完毕,教师不要急于去解释,要让学生充分地思考,让他们自己去探究其中的奥秘。

总之,物理教学不仅是教学生掌握物理的基础知识,还要培养学生的观察能力、操作技能,所以,能做实验的要尽量做实验,不要为了省事或节省时间而用动画、视频代替。

(五)直观性观察

直观性,前面我们提出了一些策略和方法,但在实践中一些教师不以为然,他们认为遇到抽象的难点,就应该用三维动画或视频降低学生理解的难度。这节课中的光线、光的直线传播、日食和月食的形成、小孔成像,教师都是这么处理的。那么,对这些抽象的难点,学生看动画、视频后是否就能理解了呢?这样能达到目的又能促进学生思维的提高吗?我们以此为观察点进行观察。

1. 观察表及观察结果

对直观性的观察结果见表4.17。

表4.17　对直观性的观察结果

观察内容＼效果	形式	学习表情	学习行为	是否形象	是否利于学生理解	学生思考的时间
影子的形成	动画	投入	认真观看	是	利于	无
日食、月食的形成	动画	投入	认真观看	是	利于	无
小孔成像	动画	投入	认真观看	是	利于	无

2. 观察结果分析

日食和月食的形成、小孔成像是本节课的难点,如果用传统的方法,即单纯地用语言去描述,应该有相当一部分学生理解上有困难。借助于形象直观的动画,学生看了,容易理解,从课堂练习的效果就可以看得出来。所以,动画不仅吸引了学生的注意力,提高了学生的学习兴趣,也能帮助学生理解抽象的概念,降低了学习的难度。我们发现在播放这些动画时,学生都比较投入,都在认真地观看。但是,在播放动画时,动画上是直接讲解结果的,这样几乎没有给学生任何思考的时间,学生基本上是被动地听,学习几乎停留在记忆层面,缺少思维的锻炼。如果长期这样下去,学生抽象思维能力得不到有效的锻炼,不利于培养学生的学习能力。

3. 教学建议

教学的目的不是为了训练学生的记忆能力,而是培养学生的学习能力。所以,教学中不能过多地使用直观化手段,要让学生有思考的时间,要让学生的大脑动起来。比如,在讲解日食、月食的形成之前,应该设计些问题让学生在头脑中去想象。教师可以用语言去提示或者用些东西模拟,让学生在头脑中构建出地球围绕太阳转、月亮围绕地球转的画面;再让学生想象光线从太阳发出,被地球遮挡或被月亮遮挡的画面,等学生头脑中建构了轮廓,教师再播放动画,这样就不是一个简单的记忆过程,而是一个思维训练的过程。

第五节　观察后的反思

经过前三次的课堂观察,对课堂观察有了一定程度的了解,课堂观察的技术也有了大幅度提高。通过课堂观察活动,我们积累了很多第一手的资料。先对这些资料加以整理分析,再结合前期的研究,提出信息技术环境下物理有效教学的策略和方法,然后要求课题组成员在教学中按照此策略和方法进行备课、制作课件和教学。在教学实践中,部分教师反馈了一些教学意见,对原有的教学策略和方法表示了肯定,同时研究小组在实践中也发现了一些问题,有些策略和方法不便于操作,有些似乎规定太死,缺少灵活性,容易僵化。为了完善所提出的教学策略和方法,我们需要进一步地进行课堂观察研究。

在后来的观察中,人员做了些小的调整,前三次五个观察小组成员基本不变,后两轮观察,将每个小组的部分成员进行了互换。这样一来,一是避免观察疲劳,二是换不同的人可能会有不同的视角与想法,产生更多的思维碰撞。

通过五轮十次的课堂观察,研究小组得出了一些非常有用的信息。(1)信息技术在教学中得到了广泛应用,它促进了课堂教学方式的变革,促进了教师教学理念的转变。(2)信息技术在物理教学应用中能够吸引学生的注意力,提高学生的学习兴趣,有利于学生对知识的理解和掌握。(3)从课堂观察活动中可以看出,一些教师对信息技术在课堂教学应用中缺少技术指导,带有一些盲目性,他们基本上根据自己的理解与偏好来决定技术应用。(4)教师在制作课件时,不能完全采用拿来主义,要根据学校和学生的特点重新设计课件,特别是要考虑课件的容量,不能超出学生的能力范围。(5)不能一味地追求快节奏,要给学生思考的时间,让学生在愉快的学习环境中,有足够的时间构建知识。(6)不能被课堂上的热闹表象所迷惑,教师要停一停,检验课堂教学的效果。(7)不能一味追求课堂的气氛,大量地使用视频动画,华丽的画面色彩,使学生的注意力分散。(8)多媒体辅助教学,还要和传统教学有机地结合。

总之,信息技术的应用应该是促进了学生的学习,有利于学生的发展。如何合理、有效地应用信息技术,如何采用有效的教学策略和方法把信息技术与课堂教学有机地融合,这是值得进一步深入研究的问题。

第五章　信息技术环境下物理课堂观察的量化

第一节　信息技术环境下物理课堂观察存在的问题

　　曾进行过多次课堂观察,每次都是事先准备好课堂观察的内容。但是,当深入课堂进行观察时,常常是被弄得手忙脚乱。课堂是动态的,课堂上的情景是瞬息万变的。有一次,研究人员观察教师课件的使用效果,课前可谓做好了充分的准备,参考了许多资料,精心设计观察的内容并绘制了表格(设计的观察点主要有:一是课件中文字的数量和行数对学生的学习影响情况,二是文字的颜色对学生的学习影响情况,三是字号的大小对学生的学习影响情况)当研究人员进行实地观察时却傻了眼,他们在表格上飞快地写,手脑并用,忙得不亦乐乎。授课教师制作的课件内容也较多,为了完成教学任务,不停地点击鼠标。尽管研究人员尽了最大的努力,但记录的效果却不好。研究人员只顾埋头去写,没有时间去关注课堂的状况,也没有时间去关注学生的反应。这样一节课听下来,进行课堂观察的教师无法对观察的课堂进行客观整体的评价。

　　课堂观察不仅仅是观察,重要的是通过对课堂观察结果的分析,对课堂教学行为进行优化,以提高课堂教学的效率与效益。当研究人员集中议课时,又发现问题来了,明明是几个人观察同一个主题,但不同的人描述不尽相同,有很大的出入。比如,课件上字的行数,观课的教师有的记成了8行,有的记成的9行,有的甚至没有来得及数行数。再比如字号的大小,有的观课教师记成三号字体,有的记成28号字体。这样一来,在课后讨论时,同一个主题,却有不同的观察结果,大家各抒己见,不能形成统一的观察结果。因此,课题组很难为授课教师把脉,更不可能提出恰当的建议了。

不仅如此,由于观察量表事先只是定性的描述,观察教师在观课时的主观性很大,因此,很多时候对授课教师上课的评价是依据自身的经验去评判,而没有从学生的角度去评判。比如说,有的教师自己偏爱某种色彩,在观课的时候,就以这种色彩为优,其他的色彩就认为不好。再如,课件上字的行数多少适宜,有的教师就认为不受限制,多点没关系。显然,教师有很多的知识背景,头脑中对本门学科有许多可以用来同化新知识的"固定点",可以做到一目十行,但学生没有这些知识背景,不能做到过目不忘。这些问题的存在,对于课堂观察,尤其是课后的议课带来了很多纷争。

为了能够客观公正地去观课、议课,提高课堂观察的效果,得出可靠的结论;更为了改善教师的教学行为,提高教学效率,并使教师能够心服口服的接受,我们必须对课堂观察进行量化。

第二节　信息技术环境下物理课堂观察量化的意义

信息技术丰富了物理教学,使物理教学的容量得到了扩大,教学的手段变得更加丰富,教学的情境更加直观,更具有视觉的冲击力。但是,这样的大容量也给课堂观察的教师带来了困难,记录时常常是应接不暇。俗话说"一心不能二用",观课教师既要认真观课,对课堂进行整体的评价,又要作完整的记录,对于信息技术环境下的丰富多彩的物理课堂,真是有点顾此失彼。怎样才能使观课教师既能安心地听课,对课堂教学进行总体的把握,又能快速地记录所观察的内容? 这就有必要对课堂观察的量表进行量化,简化观察内容的记录,把课堂观察定性的描述变成定量的描述,用量化的数字来表示约定观察的内容。如此,观课教师记录时只需写上阿拉伯数字,然后就可安心地听课,认真观察课堂中发生的每件事,观察学生的反应。对于量化的结果,观察教师就无须思考怎样用语言表达。因为在瞬间变化的课堂教学中,稍微的迟钝就会错失课堂观察的良机,容不得观课教师有多少的思考时间。另外,把课堂观察量化,还可以减少观课教师的主观感受。有了量化,观课教师根据量化去评议,有则有,无则无,这样观课教师的观察就会比较客观,观察的记录就具有了真实性,有了说服力。 由于过去议课时"各说各的理",不能形成共识,泛泛的几条结论容纳了多人的主观意见,使得一节课观察下来,费了那么多的人力物力,却不能落到实处,也不能使授课教师信服。这对教师教学行为的改善和教学效益的提高作用不大,同时,还浪费了宝贵的教学资源。

课堂观察的量化,可以对教学行为以及信息技术应用的效果做出定量的评价,使人们能够清晰明了地了解信息技术在物理课堂教学中的应用效果,了解信息技术的优势和不足,为教师改善教学、优化课堂提供数据支持。

第三节　信息技术环境下物理课堂观察量化的依据

定性的描述不利于课堂观察,那么如何定量呢? 又依据什么来定量? 课题组对此做了深入的思考,进行了多次课堂观察实践活动。同时,认真研读崔允漷、沈毅编著的《课堂观察:走向专业的听评课》,学习了《课堂评估:一种简明的方法》《成功无捷径:第56号教室的奇迹》《教师不可不知的心理学》《好老师在这里》等有关书籍。有了理论的支撑,大家的智慧,观察的实践,研究人员着手制定课堂观察的量化标准。现以课件的制作为例来说明量化的做法,以崔允漷、沈毅开发的观察量表为蓝本,结合课题研究的实践,对在信息技术环境下的课堂教学观察进行了分类,对已经很成熟的观察点或是传统意义上的观察点,如学生学习、教师教学、课程性质、课堂文化,不再进行研究,只是拿来用就可以了,而把注意点放在了在信息技术环境这一特定的条件下,尤其是课件制作方面对教学效果的影响上。研究人员经过详细的讨论、认真的分析,认为影响教学效果的课件主要集中在字号的大小、字体的颜色、一张PPT上字的行数、PPT的背景颜色、一节课的总容量(即PPT的总张数)、PPT中播放的速度、视频与动画的效果这几个方面,并从这几方面作了定性的观察。经过几轮的教学实验,详细的观察记录,学生的反应调查,研究人员最终一致认为,这几个方面对在信息技术条件下学生的学习效果有着重要的影响。研究人员再通过已录制的视频,反复地观察,制定出了信息技术环境下这五个点的观察量化标准。

第四节　信息技术环境下物理课堂观察量化的标准

一、课件制作与演示课堂观察的量化

课件制作分课件的背景、字号、课件容量、课件的整体布局和课件的演示等五个维度，每个维度20分，共100分。80分以上者为优，70～80分为良好，60～70分为及格。

背景与教学内容无关，但背景的好坏直接影响学生上课时的注意力。赏心悦目的背景可以吸引学生的注意力，增加学生对教学内容的关注。通过学生问卷调查和课堂观察综合分析，白色背景或柔和的背景学生最能接受。背景为纯色调，不要带有无关的动画，长时间观看不会引起视觉疲劳，也不会分散学生的注意力。这种背景情况，将其确定为20分。根据背景符合上述的程度高低，依次赋分15～19分。对于暖色调的背景，如鲜艳的色彩，以红、蓝、绿为主，背景过于亮丽的，长时间观看会引起学生视觉疲劳，依背景明亮程度依次确定为5～14分等。

对于一个字，从大小和颜色两个方面去观察，每个方面确定为10分。根据课堂观察的结果和课后的调查分析，40磅和44磅字最为适合学生观看，字号偏大和偏小都不好。字号太大对于一张幻灯片来讲，不仅字数太少，也不美观；字号小了坐在后排的学生看不清。因此把40和44磅字体作为标准，确定分数值为10分，36磅和32磅或53磅和60磅确定8～9分，24磅和28磅或66磅和72磅确定为6～7分，其他字号确定为1～5分。对于字体的颜色，正文以黑色为主，重点内容用红色标注，这样的色彩搭配为最佳，确定为10分，其他颜色以观看的舒适度依次确定为1～9分。

课件的容量，也从两个方面去观察，一个是一节课制作的PPT张数，另一个是每张PPT上字的行数或照片的张数，每个方面确定为10分。从学生问卷调查和课堂观察来看，一节课PPT的张数为12～15张最为恰当。张数过多，就要不停地点击鼠标，教师在上课时就会不自觉地加快课堂教学的节奏，学生看得匆忙,更没有时间记笔记。同时,学生在课堂上思考的时间也短,学习的效果会大打折扣。如果张数过少,课堂教学的容量就显得太少,多数学生"吃不饱"。为此,我们把一节课件PPT为12～15张的确定为10分,10～11张或16～18张的确定为8～9分,8～9张或19～20张的确定为6～7分,其他依次降低分值。一张PPT上字的行数,从适于学生观察与记笔记的角度来看,5～6行最为适宜,确定分值为10分,高于或低于依数量的多少依次降低分值。

课件的整体布局以简洁、美观为佳,看了赏心悦目,能很好地吸引学生的注意力,这样的布局确定为20分。简洁但美观欠佳或美观但不简洁,依程度不同确定为10～19分;既不简洁也不美观的,依程度不同确定为1～9分。

课件的演示分为四个方面:一是课件播放的时机,如果时机选择恰当,与教学内容讲解同步,得5分;二是课件播放的速度,播放的速度宜慢不宜快,且要有所停顿,要能够让学生有足够的时间思考,进行深加工和记笔记,达到这样要求的得5分;三是课件在播放时不能只是教师点击鼠标,让学生自己浏览PPT内容,而是教师要进行讲解,对于关键点用红色笔进行标注,符合这样的得5分;最后,教师播放课件时不要站电脑旁不动,最好用遥控笔进行操作,走到学生中间,与学生一起观看,并进行讲解,即可得5分。

具体量化标准如表5.1。

表5.1　课件制作与演示课堂观察的量化表

维度	内容	计分	得分	备注(简洁描述得分的理由)
课件制作	课件的背景	20		
	课件字号的大小	10		
	课件字体的颜色	10		
	课件的PPT数量	10		
	一张PPT上字的行数	10		
	课件的整体布局	20		
课件演示	课件播放的时机	5		
	课件播放的速度	5		
	课件播放与讲解结合情况	5		
	播放课件时教师的位置	5		
总分				

二、情境创设有效性课堂观察的量化

通过对情境创设的课堂观察研究和学生问卷调查分析,研究人员把情境创设的有效性分成两个维度五个方面。

第一个维度是情境创设能否引起学生的专注,激发学生的思考,提高学生的学习兴趣。从这三个方面去观察,每个方面20分。一是学生的表情,如果学生表情专注,被创设的情境深深地吸引,且几乎所有的学生都全神贯注地观看,那么这种情境创设就达到了预期的目的,为16~20分;如果是大多数学生观看,就其表情而言似乎达不到专注的程度,那么这种情境创设比理想的程度要差一点,为10~15分;如果创设的情境对学生的吸引力不足,多数学生没有观看的兴趣,那么这种情境创设应该是不成功的,视程度而定为0~9分。二是学生观看后的行为,如果学生认真观看,积极思考情境引发的问题,积极参与教师的问答以及学生间相互讨论,那么定为16~20分;如果学生观看了,对情境引发的问题思考不积极,对教师的问答和学生间相互讨论参考度也不高,且比较被动,那么视程度定为10~15分;如果学生看了,不去思考,既不参与教师的问答,也不参与学生间的相互讨论,情境创设只是昙花一现,那么这种情境创设其效果定为0~9分。三是在情境创设下,大多数学生学习兴趣浓厚,意犹未尽,为16~20分;如果半数人以上的学生学习兴趣高涨,觉得知识学得有意思,那么依程度的状况定为10~15分;如果多数人提不起兴趣,觉得知识枯燥无味,没有想进一步学下去的想法,那么视情况定为0~9分。

第二个维度是情境创设与教学目标的关联性,分为两个方面,一是情境创设是否有利于达成教师教学的目标,二是情境创设是否达成了学生学习的目标。在教学中,常发现一些教师为了吸引学生的注意力,播放一段视频,视频本身倒是很有吸引力,但与教学内容关联不大。学生看过后,教师既不就视频提出问题,也不引导学生思考,而是直接切入到新课,视频被弃置一边,这种情境创设对教学就没有什么作用。为此,依据创设的情境与教学目标的关联程度,把关联程度高的定为16~20分,关联程度较高的定为10~15分,关联程度低的定为0~9分。教学的最终目的是为了学生的发展,情境创设的目的也是为了学生的学习,否则情境创设就毫无意义。如果情境创设促进了学生的思考,激发了学生学习的兴趣,使学生能够顺利地完成学习任务,这种情境创设就是非常有效的。为此,情境创设利于学习目标达成定为16~20分;较利于学习目标达成定为10~15分;如情境创设与学习目标无关,甚至于对学习目标达成产生了不利的影响,依次定为0~9分。

具体量化标准如表5.2。

表5.2　情境创设有效性课堂观察的量化表

维度	内容	计分	得分	备注(简洁描述得分的理由)
情境创设能否引起学生兴趣	学生的专注程度	20		
	学生的思考程度	20		
	学生的学习兴趣	20		
情境创设与教学目标的关联性	利于达成教师教学的目标	20		
	利于达成学生学习的目标	20		
总分				

三、交互式电子白板板书与黑板板书课堂观察的量化

在实际教学中,我们发现有两个倾向:一是使用了交互式电子白板,传统的粉笔就不再使用;另一个是只使用粉笔,电子白板一点不用。这两种倾向,经过课堂观察分析,对提高教学的效益与效率都不利。交互式电子白板板书与黑板板书也可从四个维度去进行课堂观察,一是交互式电子白板直接展示,二是使用其书写功能板书,三是在黑板上板书,四是电子白板板书与黑板板书之间的交互配合,每一个维度为25分。

维度一可分为五个方面观察。一是白板展示的教学内容,内容契合教学目标且详略得当的计5分;二是白板内容展示的时机,与教师讲解时机相契合,两者默契的计5分,依次视程度不同递减;三是教师是否对白板展示的内容进行了讲解,讲解详略得当的计5分;四是白板内容展示停留的时间,这要视内容的多少,停留时间把握得当的计5分;五是引起学生的关注程度,绝大多数学生认真观看的计5分。

维度二也分为五个方面观察。一是对白板笔书写内容的观察。白板笔书写的内容是对教学内容的补充,是对关键点的批注,或者是对教学内容的诠释,所有白板笔书写的内容应当精炼,符合以上要求的计5分。二是对白板笔

书写位置的观察。白板笔书写有很多的功能,可以直接在PPT上书写,也可以在新建页面上书写,还可以使用批注,但不管怎么使用,其位置要与实时的教学内容相对应,与教学讲解内容的位置相对应,让学生一看就明白,符合其以上要求的计5分。三是对白板笔书写时机的观察。什么时候使用电子白板笔书写,一定要与教师的讲解相结合,重要的知识点出现,而且需要阐释时,还要与学生的关注相结合,符合以上要求的计5分。四是对白板笔书写色彩搭配的观察。白板书写本身就是一种解释,所以区别要醒目。教师应该根据白板的底色和字体的颜色不同选用不同的色调,以突出白板笔书写的内容,符合以上要求的计5分。五是对白板笔书写引起学生关注程度的观察。绝大多数学生观看的计5分,然后视专注程度酌情给分。

维度三是用粉笔在黑板上板书,可分四个方面观察。一是对板书内容的观察。粉笔板书的内容,不是对PPT上内容的简单重复,而是一种更高层次的提炼,在黑板上板书的内容应该是对教学内容的高度概括,学生一看就知道本节课的重点内容,且条理清晰,语言简洁,符合以上要求的计10分。二是对用粉笔板书时时机选择的观察。在教师讲解到重要的关键点,又需要学生注意且记笔记时,进行板书,不要在学生低头看书时或完成布置的任务时一个人在黑板上板书,符合此要求的计5分。三是对粉笔板书位置分配的观察。重要的内容要始终保留在黑板上,留在学生的视野中,这样教师粉笔板书应该把黑板分成两部分,左边书写重点内容,保留不擦,右边书写可擦写的内容。重点内容要条理清晰,简单明了,符合此要求计5分。四是对板书速度的观察。书写的速度要适宜,且板书时教师要大声地说,让学生看、听和记并用,符合此要求计5分。

维度四是黑板板书与电子白板板书的配合,分三个方面来观察。一是对内容配合的观察。教师在设计板书时,要有全面的考量,哪些内容应在电子白板上板书,哪些内容应在黑板上板书,两者不要重复,应有所侧重,这样可减少课堂教学中不必要的时间浪费,符合上述要求的计10分。二是两者使用的时机把握要恰当。要能够结合教学内容,何时用粉笔板书,何时用白板笔板书,两者应该相互补充,相得益彰,符合该要求的计10分。三是要注意适当的切换。当教师在用粉笔板书时,不需要学生关注白板,就将白板切换成白屏或黑屏,以让学生的注意力全部集中到黑板上,符合该要求的计5分。

具体量化标准如表5.3。

表5.3 交互式电子白板板书与黑板板书课堂观察的量化表

维度	内容	计分	得分	备注(简洁描述得分的理由)
交互式电子白板直接展示	白板展示的教学内容与教学目标契合程度	5		
	白板内容展示的时机与教师讲解时机的契合程度	5		
	教师对白板展示的内容进行讲解,讲解是否详略得当	5		
	白板内容展示停留的时间	5		
	引起学生的关注程度	5		
交互式电子白板书写功能板书	白板笔书写的内容	5		
	白板笔书写的位置	5		
	白板笔书写的时机	5		
	白板笔书写的色彩搭配	5		
	白板笔书写引起学生关注的程度	5		
黑板板书	粉笔板书的内容得当	10		
	粉笔板书的时机选择	5		
	粉笔板书的位置分配	5		
	粉笔板书的速度	5		
电子白板板书与黑板板书之间的交互配合	两者内容的配合	10		
	两者使用的时机把握的恰当程度	10		
	电子白板板书与黑板板书之间的切换	5		
总分				

四、视频动画与实验融合课堂观察的量化

物理是一门以实验为基础的学科,培养学生的实验能力是物理教学的一个重要目标。它不仅可以培养学生理论应用于实践的能力、动手操作的能力、观察能力,还可以培养学生协作的能力,这是视频动画不能替代的。视频动画只能是对实验的补充、说明。根据这样的要求,可以把视频动画与实验的融合分成两个维度,每个维度50分。

首先是视频与实验融合,从五个方面来量化。一是实验的效果。演示实

验要现象明显,能见度高,要让每个学生都能观察到。分组实验要井然有序,每个学生积极参与到实验中,实验教学目标能顺利达成,满足此要求的计10分。二是视频的选择与实验的契合。一些实验可能是速度太快,学生无法看清楚,或者实验本身的能见度就比较低,不利于全班学生观看。教师实验时可用摄像机拍摄,即时用白板播放,通过视频的慢放功能,让学生观察;或者用摄像机从不同的角度拍摄,再通过视频播放,让学生从不同的角度观察。符合这些要求可计10分。三是视频播放时间的长短。视频播放时间不宜长,1~3分钟即可,过长会浪费课堂教学的宝贵时间,时间适宜的计10分。四是视频与实验融合要结合教师的讲解。教师要把实验与视频很好地结合起来,能够引发学生的思考,激发学生对问题探究的兴趣,不是教师把实验一做、视频一放就完成任务,达到上述程度的计10分。五是效果的好坏。视频对实验作很好的补充,加深了学生对教学内容的理解,激发了学生学习的兴趣,达到此要求的计10分。

第二是动画与实验融合。一些实验虽然做了,但是学生只能看到了外在的现象,内部的一些机理却无法看清楚。如电流的形成,可借助于三维动画来形象地描述电荷的定向移动。再如洛仑兹力的方向,实验只能看到运动电荷的轨迹发生了弯曲,但力的方向、磁场的方向、电荷运动的方向学生却无法看到,此时借助三维动画,就可以形象直观地展示它们三者之间的关系,学生一目了然。但动画具体怎么用,根据课堂观察的研究,也是从实验的效果、动画的选择与实验的契合、动画播放时间的长短、动画与实验融合要结合教师的讲解、效果的好坏等五个方面来量化,每个方面最高赋分10分,其余的酌情给分。

具体量化标准如表5.4。

表5.4　视频动画与实验融合课堂观察的量化表

维度	内容	计分	得分	备注(简洁描述得分的理由)
视频与实验融合	实验的效果	10		
	视频的选择与实验的契合	10		
	视频播放时间的长短	10		
	视频与实验融合要结合教师的讲解	10		
	效果的好坏	10		

续表

维度	内容	计分	得分	备注(简洁描述得分的理由)
动画与实验融合	实验的效果	10		
	动画的选择与实验的契合	10		
	动画播放时间的长短	10		
	动画与实验融合要结合教师的讲解	10		
	效果的好坏	10		
总分				

(五)直观性课堂观察的量化

电子白板的使用,为教学直观性提供了更好的便利条件,极大地降低了学生对于教学的难点、抽象点理解的难度。但是物极必反,教学的目标是发展学生的能力,其中包括学生的抽象思维能力,如果所有的抽象、难点都把它直观化、形象化,学生一看便能理解,学生思维的程度就会变浅,这种教学对学生的能力发展是极其不利的。所以直观化应该也要有个度,必须合理地运用。根据对直观性教学的多次课堂观察和研究,可以把课堂教学直观性的运用分成两个维度。

第一个维度是直观性手段的使用,分为四个方面。一是直观性手段使用的时机。教师在提供直观性教学时,一定要让学生充分的思考,在头脑中进行充分的想象,使学生达到"愤、悱"的程度,同时教师也要用语言引导学生,帮助学生在头脑中建构。待学生有了充分的想象和思考后,教师从学生的表情中观察,发现仍然有部分学生存在着理解的困难,此时提供直观性手段,让学生观看,这样可以达到培养学生思维能力的目的,满足此要求的计20分。二是直观性手段使用度的把握。直观性手段不能盲目地使用,也不能滥用。教学的目的不是为了让学生更容易理解,而是为了培养学生的思维能力。所以,不能一遇到问题就用信息技术手段把它直观化,变得让学生易于理解,教师要有意识地用语言引导,帮助学生在头脑中想象,训练学生的抽象思维,满足此要求的计20分。三是三维动画与实物演示的结合。利用信息技术的优势能够把抽象的东西直观形象地展示出来,但三维动画缺少了真实的情境,学生看了往往成为过眼烟云,所以在运用三维动画时,要与实物相对应。教师要结合实物进行分析讲解,让学生了解真实的情境是怎样的,这样学生在以后的学习中才能将理论加以应用,达到此要求的计20分。四是直观性手段使用的时间与学生思考的时间。直观性手段毕竟是一种辅助教学的手段,不宜长时间使用,一些教师在教学中反复使用直观性手段,占用了大量的教学时间,这就适得其反了。另外,在使用时要注意给学生必要的思考时间,在播放时教师要有意识地停顿,必要时要停下来,帮助学生想象、理解。这样直观性手段的使用才能真正达到教学的目的,达到此要求的计20分。

第二个维度是直观性手段的效果。如果采用直观性手段后,从学生的神态、表情中观察,大多数学生理解了教学的难点,再通过后测练习发现疑难问题解决了,就可认为达到手段使用的目的,计为20分。如果从后测中了解了只是大部分学生理解了,或是少部分学生理解了,可视人数的多少,酌情记入不同的分数。

具体量化标准如表5.5。

表5.5　直观性课堂观察的量化表

维度	内容	计分	得分	备注(简洁描述得分的理由)
直观性手段的使用	直观性手段使用的时机	20		
	直观性手段使用度的把握	20		
	三维动画与实物演示的结合	20		
	直观性手段使用的时间与学生思考的时间	20		
直观性手段的效果	学生的理解程度	20		
	学生的练习情况	20		
总分				

第五节　量化后的思考

根据多轮后的观察和分析,虽然制定出了在信息技术条件下的量化标准,但肯定还比较粗糙,有的方面还可能不尽合理,赋分也不够恰当,这几个问题还需要在今后的观察和研究中加以改进。但在量化标准制定后,并用此标准再进行课堂观察时,各位观察员给每位授课教师打分时,分数已基本上接近,不再出现"各说各的理",容易形成共识的局面。当然,在观察过程中,课堂观察人员不仅仅是按上述标准观察,对于常规而又成熟的学生学习、教师教学、课程性质、课堂文化四个方面,也一并进行观察。具体地说,在不使用多媒体进行教学时,观察人员按上述四个方面给授课教师量化打分。在使用多媒体进行教学时,除进行常规量化标准打分外,还要增加多媒体使用效果的赋分,以两方面的标准来衡量教师这一节课的优劣。

多媒体使用评价标准制定以后,研究人员以此为标准,用了近一年的时间,对公开课、示范课、观摩课之类的课堂进行量化打分,基本上达成了共识。特别欣喜的是,将此量化的分值告诉授课教师,并明确地告诉他,这堂课教学效果的优劣时,授课教师心悦诚服,基本上能接受对他的评价。这样一来,对教师授课赋分,可以对当地的教学方向和风气有促进作用,对教师本身的自我提高也有很好的促进作用。这避免了教师上课"脚踏西瓜皮"的做法,也改变了教师制作课件的随意性。这为教学质量的提高,教师教学行为的转变,起到了有效的推动作用。

这些量化标准是在课题研究过程中提炼出来的,具有现实性。但是,在课题研究过程中,观察的范围还不够广,只是局限于本县及周边的一个区,有没有普遍性,或者说共性,仍值得思考。现在将这一个不太成熟的量化标准拿出来,望起到抛砖引玉的作用,也为今后有志于课堂观察的同行起一些参考作用。

第六章　信息技术环境下物理有效教学的策略和方法

对于信息技术在物理教学中应用的效果如何,最有发言权的应该是学生。教学的目的是促进学生的发展。如果学生不认可,再好的技术,纵使技术炉火纯青,也是徒劳的。前期的研究主要进行的是课堂观察,是非曲直主要是从教师的角度去判断,少有涉及学生的感受。这使得研究带有一定的主观性。为此,研究人员对学生进行了访谈,通过面对面的坦率与真诚的交流,了解学生对信息技术环境下物理有效教学的策略和方法使用的效果,使研究人员可以从学生的角度来考虑问题,以期完善研究的策略和方法。

第一节　学生访谈一

一、访谈目的

前期,研究人员已经进行了调查研究,也进行了多次课堂观察活动,还对提出的"信息技术环境下物理有效教学的策略和方法"进行了实践检验。当然,这种检验主要是从课堂观察和教师角度加以判断,对学生的想法涉及较少。经过多次实践证明,研究人员提出的策略和方法对提高物理教学效率,促进学生学习是大有帮助的。但也不可否认,这其中确实存在着一些问题。私下里,研究人员听到一些教师在议论:有的教师认为它能激发学生的学习兴趣,提高教学效果,促进学生的学习;有的教师认为它只能使上课变得热闹,对学生的学习并没有多大的作用。研究人员不想去争论,而是实实在在地去做工作。为此研究小组在当涂县亭头初中选择实验班进行了教学实验,要求授课教师采用研究小组提出的"信息技术环境下物理有效教学的策略和方法"进行备课与授课。经过一个学期的教学实验,实验班的学生对信息技术在物理教学中的应用有了充分了解,所以他们对其教学的效果、是非曲直最有发言权。因此,研究人员通过访谈学生,从学生的角度来了解信息技术在物理教学中的应用效果,这既让学生对此可做一个客观的评价,也为其他教师应用信息技术提供借鉴。

二、访谈方法

地点:亭头初中教师办公室。
调查对象:在教学实验班中随机选择成绩中等以上的七名学生。
调查方法:事先设计好访谈的问题、面对面交流、用录音笔录音整理。

三、访谈记录

提问:你对信息技术在物理教学中应用的效果是否满意?
全体:满意。
提问:具体满意在什么地方?
朱同学、丁同学:内容更丰富、更生动、更形象,做实验时能更清楚地了解实验过程。
提问:教师使用信息技术在物理教学中应用不足的地方是什么?
曹同学:没有教师讲解清楚,计算过程没有教师板书好。
尚同学:详细解题思路不能显示。
吴同学:在某些位置,看不清楚。
翟同学:有些地方太快。
朱同学:没有一个思考的过程,只展示一个结果,像参考书一样只能针对个别题目给出相应解法。
丁同学:多媒体屏幕播放过去了就过去了,不能把过程再展示出来,不利于记忆、巩固。
魏同学:对视力不好,电脑屏幕比较亮,看时间长了眼睛容易疲劳。
提问:你对此有什么好的建议?
尚同学:要把多媒体与板书结合起来,给学生更多思考的时间。

曹同学:解题过程中,要有引导学生思维的过程,给学生思考的时间。屏幕有时闪得太快,导致很多知识似懂非懂。

提问:你对教师制作的课件感觉怎样?

全体:比较满意。

朱同学:颜色、字体看得清楚,重点内容显示清楚。

吴同学:图形做得很形象,一看就懂。

提问:你对课件中字体的颜色有什么要求?

全体:黑白配,重点地方用红色标注。

提问:你觉得课件的幻灯片有多少张合适?

全体:10~15张,多了就太快,少了内容不完整。

提问:教师用多媒体或交互式电子白板上课与不用它上课,比较一下,哪个效果好?

全体:多媒体好。

丁同学:用多媒体上课抽象的知识能形象表达出来,只用粉笔讲解做不到。

曹同学:希望教师上课多用多媒体或交互式电子白板,但要适当用。每节课都可以用,但不能多用。

尚同学:用多媒体或交互式电子白板上课内容有点多。

提问:大家都提到了用多媒体或交互式电子白板上课,教学内容有点多,那你们对教师提点修改建议?

翟同学:把题目减少,拓展的内容也减少。

提问:你觉得信息技术在物理教学中的应用对掌握知识是否有帮助?

全体:有帮助。

魏同学:图形结合使某些知识理解更容易。

朱同学:实验过程用视频展示出来,更好理解。

提问:动画、视频、实验,你更喜欢哪个?

全体:实验。

提问:你觉得怎样做实验,效果最好?

曹同学:先放一遍视频,再用动画演示,接下来再做实验。

翟同学:视频、动画、实验相结合效果最好。

其他人附和。

提问:新课引入你觉得用什么方式较好?

尚同学:用视频,它能吸引学生的注意力,起引导作用。

其他人附和或点头赞同。

提问:你觉得信息技术在物理教学中应用与不用,哪个更能让注意力集中?

全体:在物理教学中应用信息技术。

魏同学:但在物理教学中应用信息技术有时画面色彩太亮了,易引起学生注意力转移。有时等教师翻到下一页,注意力才能收回来。

提问:在物理教学中应用信息技术对提高学生的学习兴趣是否有帮助?

全体:有帮助。

丁同学:尤其对实验,有兴趣,易记住,易运用。看了一段实验动画后,自己更想了解它。

提问:你觉得教师应该如何合理地播放课件?

丁同学:教师在播放时,要进行讲解,单纯播放效果不好,教师的语言也不能少。

吴同学:讲习题时要让学生思考,然后再用多媒体或交互式电子白板引导。

曹同学:课堂小结时,教师边讲解边用多媒体或交互式电子白板展示更好。

四、结论与建议

在物理教学中应用信息技术能够吸引学生的注意力,提高学生的学习兴趣。学生比较喜欢教师用多媒体或交互式电子白板上课。对于课件的制作,总张数一节课以10~15张为宜,多了会加快播放的节奏,学生跟不上;少了,教学内容不完整。字体的颜色以黑白搭配较好。信息技术在物理教学中应用时,教师要把握好播放的节奏,要把讲解与播放相结合。在讲解习题时,题目的数量要控制;在播放时,给学生足够的思考时间;解题步骤不要用多媒体或交互式电子白板一下子展示,用粉笔一一在黑板上书写下来。课堂小结用多媒体或交互式电子白板显示时,教师要边讲解边显示。动画、视频可以很好地吸引学生注意力,但是不能代替实验。上课中,有演示实验的地方,教师要做好演示,不要播放动画、视频。分组实验时,若实验条件允许一定要让学生动手实验,这是学生最愿意做的,否则会严重影响学生学习的劲头,挫伤学生学习的积极性。在做分组实验时,为了提高实验的效率,教师应先让学生观看实验视频或动画,等学生掌握了实验的操作流程,再让学生动手去做。

第二节　学生访谈二

一、访谈目的

研究人员先是在亭头初中进行了教学实践,并在实验班选择了七名学生进行访谈。后来,研究人员也在丹阳中学按照同样的要求进行了教学实践。这样在不同的学校、针对不同的学生进行调查,尽可能从多角度、多范围进行了解,以全面掌握信息技术在物理教学中应用的实际情况,进一步完善我们提出的信息技术环境下物理有效教学的策略和方法,提高物理课堂教学的效率,促进学生物理的学习。

二、访谈方法

地点:丹阳中学教师办公室。

调查对象:在教学实验班中随机选择成绩中等以上的五名学生。

调查方法:事先设计好访谈的问题、面对面交流、用录音笔录音整理。

三、访谈记录

提问:在物理教学中信息技术应用与不用,哪个教学效果更好?

全体:用多媒体上课效果好。

提问:在物理教学中应用信息技术,教学效果好在哪里?

汪同学:对知识的理解有更大的帮助。

杨同学:有视觉效果,可以看图片、视频,比单纯地听讲,记忆效果要好。

提问:在物理教学中信息技术应用与不用,哪个上课更能吸引学生注意力?

夏同学:在物理教学中应用信息技术,形式新颖,比较有吸引力,易于引起学生的关注。

其他人点头赞同。

提问:在物理教学中应用信息技术,能提高学生学习的兴趣吗?

全体:能提高。

方同学:在物理教学中应用信息技术,内容丰富,颜色新颖多变,很有吸引力。

提问:在物理教学中应用信息技术,对知识掌握有帮助吗?

全体:肯定有帮助。

杨同学:在物理教学中应用信息技术,知识形象、生动,内容丰富,而且有动画、视频,颜色又新颖,教师结合多媒体或交互式电子白板讲解,比单纯地讲解要好得多。

提问:你觉得用幻灯片小结和用黑板板书小结,哪个更好?

陶同学:两者相结合效果最好。

其他人附和。

提问:在物理教学中应用信息技术,对上课记笔记是否有影响?

方同学:有影响,教师用多媒体讲解太快,记不下来。

夏同学:教师在讲解重点时,要提醒学生记笔记。

提问:你觉得幻灯片一节课多少页合适?

全体:20张以内。

提问:课件中出现卡通画,好不好?

全体:不好,会分散学生的注意力。

提问:上课时,你对动画、视频、实验有什么看法?你喜欢哪个?

全体:实验。

汪同学:实验要自己动手做。

杨同学:动画只能用来帮助理解,不能代替实验。

提问:对教师在物理教学中应用信息技术,你有什么建议?

方同学:在物理教学中应用信息技术,虽然讲得细,但不知道哪是重点,下课复习时更不知道复习重点？印象不深刻。

陶同学：讲解习题不能多，一两道题足够了。

夏同学：在物理教学中应用信息技术，讲解往往是一带而过，没有在黑板上一条一条列出好。

汪同学：对抽象知识点，不能用多媒体或交互式电子白板直接直观展示，给个提示让学生想象出来更好。

杨同学：在物理教学中应用信息技术时，要让学生思考，最后总结让学生自己写一写。

方同学：播放一些图片，只是让学生看，这似乎有点枯燥。教师应该设置问题，引导学生深入思考，让学生自己讲解，自己回答。

汪同学："空中课堂"，根据实验现象提出问题，让学生思考、回答，引导进入新课这种方式较好。

杨同学：像这样的科普东西，学生看了以后能提高兴趣，自己若想知道其中的原理，就要查找资料，进一步了解。

四、结论与建议

从学生访谈的结果看，在物理教学中应用信息技术，其效果比不用要好得多，且学生非常喜欢，这与部分教师认为它没用是不一样的。在物理教学中应用信息技术能够提高学生学习的兴趣，吸引学生的注意力，促进学生对知识的理解，这一点毋庸置疑。但是，在使用的过程中，由于方式、方法的不当，带来一些负面的影响，所以在教学中需要加以注意。在物理教学中应用信息技术，上课速度普遍会快，不利于学生记笔记，也不利于学生课下复习。为此，教师在上课时应该放慢节奏，照顾全体学生，把播放与讲解相结合，与板书相结合。对于一些知识讲解，要给学生足够的思考时间，让学生自己去写一写、讲一讲。对于一些播放的图片、动画等，不能仅仅让学生看看而已，要设置问题引导学生思考，让学生自己去发现知识。对于抽象知识，不能立即用多媒体或交互式电子白板直接展示，这不利于培养学生的抽象思维能力，要给学生足够的思考时间，让学生的思维得到锻炼。对于实验，教学中普遍存在的问题是用动画、视频代替，这与学生的意愿相违背，也与物理学科的教学目标背道而驰，所以实验要让学生动手去操作。

第七章 交互式电子白板在物理教学运用中存在的问题及对策

交互式电子白板在近些年已悄然成了信息技术辅助教学的主要形式。但是,在实际教学中,交互式电子白板与物理教学的融合还存在着诸多问题,这些问题的存在,使得它辅助物理教学的有效性大打折扣。那么怎样运用交互式电子白板这种辅助形式,来提高物理教学的有效性呢? 或者说更能有效地促进学生的学习呢? 这一章对此进行详细论述。

第一节 交互式电子白板在物理教学运用中存在的问题

随着信息技术的不断更新,现在交互式电子白板(以下简称白板)成为辅助教学的主要形式。但是研究人员对本地区教师使用白板教学情况进行课堂观察后,发现在使用过程中存在诸多的问题,这些问题可以归结为以下几个方面。

一、白板课件的制作与演示的问题

白板虽然提供了备课功能,但实际运用中教师还是习惯于用幻灯片制作课件,教学中白板成了多媒体课件播放器。一些教师在制作课件时只是从自己上课的角度去制作,他们想着怎样用白板完成教学任务,怎样在达到教学目标的同时能够拓宽学生的知识面,开阔学生的眼界,并尽可能地增大课堂的教学容量。如一堂课的幻灯片有三四十张,视频动画有十几个,一张幻灯片上的字有十几行之多。一节课教师站在讲台不停地点击鼠标,学生看得眼花缭乱。而且,由于幻灯片张数过多,教师要完成任务势必要加快节奏,尤其在课堂的后半部分,当教师发现还有许多预设的任务没有点完时,便加快点击鼠标的速度,讲解的速度也随之提高,以争取在下课前完成所有的点击。这几乎是教学中的常态,白板的"交互"名存实亡,完全成了幻灯片的替代品。我们曾在课下与学生交流,就上课的内容询问一些相关的问题,然后发现:学生几乎不能回忆出上课时的内容,多数学生说上课听懂了,下课全忘了。为什么会这样呢?因为上课教师讲得太快,内容太多,超过了学生的接受能力。所以,这种教学表面看是快速、"高效"的,实际上是极其低效的。

二、使用白板板书的问题

白板提供了各种功能的笔,有着强大的书写功能。我们调查发现许多教师若使用白板,黑板则根本不用了。教师用白板笔在幻灯片上直接书写,于是幻灯片上的文字与书写的文字混在一起,如果两者字颜色相同或相近,内容就显得特别拥挤、错乱。另外,由于白板面积较小,写不上几个字就占满了白板,这时教师就用橡皮擦擦,然后再写,所以有时不小心,把其他有用的内容也擦了。当讲完新课再回顾复习时,发现原先写得已经擦除了,于是又重写。上课时只见教师不停地写不停地擦,一节课上完了,所写的内容也擦得差不多了。虽然,白板有回放功能,但一节课写了这么多,要回放到哪里呢? 一页一页去翻又浪费时间,所以教师一般不会去翻,而是口头复述。这样一节课上完学生看不到本节知识的完整结构,有的只是零散的知识点,这样不利于学生知识的建构和形成意义。

三、情境创设与激发学生学习兴趣的问题

有了白板,教学中视频、动画使用普遍增多,因为白板不需要超级链接,可以直接播放,使用方便。相当一部分教师认为,有了视频、动画就能够吸引学生的兴趣。如有位教师在讲授《从全球气候变暖说起》时,开始播放一段视频,其视频效果的确很震撼,但用时6分钟;还有位教师一节课播放七八个视频或动画。显然,在他们眼里,视频、动画多多益善。还有的教师为了吸引学生的注意,在每张幻灯片上加几个卡通画,他们觉得这样更能够吸引学生的关注。这样做,课堂气氛确实是活跃的,学生在上课时都处于兴奋之中,但是教学的

效果又是怎样的呢？兴奋的课堂并不一定是有效的课堂。实际上，课堂的活跃大多是视听效果感染的，很多学生并不是对教学内容感兴趣，而是对色彩、动画感兴趣。在这里，学习的兴趣被"偷换"了。

四、直观性展示的问题

利用白板的学科工具、学科资源以及动画视频可以将复杂的、抽象的东西直观地展示给学生，有效地降低学生理解的困难。这样学生听得很轻松，也很容易理解教师所讲的难点。但是，在具体使用上存在着一些问题，主要是留给学生思考的时间不足，学生缺少思维的锻炼。比如：如简谐运动的图像是一条正弦曲线。教学中一些教师直接用动画绘制出图像，告诉学生它就是这样的一条曲线。动画确实很形象，但是仅仅让学生看一眼是不够的。因为学生头脑中只是短暂的记忆，要理解图像的物理意义，还需要给学生足够时间去想象，让他们在头脑中建构意义，否则欲速则不达。

五、实验与视频、动画相结合的问题

实验是物理教学的重要组成部分，也是学生最为喜欢的教学方式。但怎样让实验做得更有效，更能促进学生对知识的理解，并通过实验培养学生的观察能力、操作能力以及合作能力，教学中还存在很多问题。比如：温度计器材较小，教师在讲台上演示，后面的学生很难看清楚。所以，一些教师上课先用动画示范，再用器材演示；一些教师先演示，再用动画示范。但这两者都存在时间效率的问题。再比如分组实验，一些教师用动画介绍实验器材、实验步骤、注意事项，但学生按捺不住，教师讲解时他们已经动手去实验了。但是，这时学生完全是出于好奇、好动。我们观察过的几节课，在这个环节都出现了课堂失控的现象。教师在讲台上结合白板大声地讲，多数学生只顾埋头做，可以说课堂上一片混乱。当教师发现学生的实验出错时，又大声地叫停所有的学生，再来观看白板实验的操作步骤和注意事项等，就是这样仍然有部分学生在埋头做自己的实验。即使在听的学生也是心不在焉，一会儿听教师讲，一会儿低头去做实验。从课堂观察效果来看，实验教学的效率低下，白板与实验如何有效整合，这是我们急需探索的问题。

六、习题教学与白板整合的问题

白板的交互式功能可以很好地提高习题教学的效益,但是实际习题教学中白板有被过度使用的迹象。首先,一些教师使用白板强化了题海战术,因为使用白板讲解习题更方便。上习题课,题量普遍增大,一些教师利用白板一节课能讲解七八个习题甚至十几个习题。课堂上只见教师不停地点击鼠标,学生上课就像看电影,一幕一幕地翻过。一节课下来,黑板上不见一个字的板书,教师只是在白板上批注,不停地画,不停地擦,最后解题步骤用一张幻灯片展示。学生很少甚至没有时间思考,一直被教师牵着鼻子走。习题教学是培养学生应用知识和解决问题的能力,讲解过程中需要给学生充分的思考时间,才能让他们在头脑中加工、内化和建构意义,而且还必须要慢,只有慢才能形成意义,否则只能是过眼烟云。其次,有了白板,一些教师为了追求课堂教学的容量,直接用白板把习题中抽象的、困难的点直观化,把习题中复杂的物理过程形象化,这样学生一看就明白,一听就懂。但是,上课听懂了,他们的思维有没有得到锻炼呢? 不尽然! 以后遇到同样的问题,没直观化的帮助,他们依然无从下手。第三,忽视了习题教学的育人功能。一些教师受应试教育影响甚深,依然认为习题教学就是强化训练,搞题海战,他们的目的仅仅是训练学生的解题能力,提高应试能力。多数教师认为习题教学谈不上教育的意义,学生只是解题而已。巴班斯基曾经说过:"任何一堂课,过去、现在和将来都是学校教学教育工作(而不光是教学的)的基本形式。这一原则是以教育学(对学生教学、教育和发展的有机统一)的基本原则和法则为基础的。因此,不具有任何教育意义的课堂是不存在的。"所以,习题教学也具体教育的功能,只是教师在进行习题教学中过多注重其解题能力的训练,而忽略了其教育的功能。

第二节 交互式电子白板在物理教学运用中的策略和方法

基于以上的分析,白板与物理教学的融合还存在很多问题,我们根据课堂观察的研究、学生问卷调查研究和教学实践研究,提出以下基于白板的物理有效教学的策略和方法。

一、白板课件制作与播放的策略和方法

一节课课件幻灯片的张数为10～15张,不宜超过20张。这样教师上课的容量比较容易控制,上课的节奏也符合学生的接收能力,上课时就可以留一些时间让学生思考,利于增加课堂互动的时间,利于提高课堂教学的效率。幻灯片背景以白底为佳,字体以黑色为宜,重点内容可用其他颜色标注。红、绿、黄等暖色调应尽量少用,因为一方面考虑到有色盲的人群,另一方面这些色调学生看时间长了容易引起视觉疲劳,而且这些颜色用多了,整个幻灯片会显得模糊不清。一张幻灯片上至多打上5～6行字,字体大小用宋体三号字为宜。如果一张幻灯片上有十几行字,一是字体势必要小,字小了后排的学生看不清,二是文字过多,在教师切换幻灯片时,学生来不及看,更不利于学生抓重点记笔记。文字多了教师在讲解时也会不知不觉地加快速度,学生只能跟着教师的节奏去看,没有时间思考,只能努力记忆,缺少思维的锻炼。教师在播放幻灯片时,要把学生的注意力集中到所播放的幻灯片上,要引导学生观看所播放的内容,必要时提醒学生记笔记,一张幻灯片播放完,要留一点时间让学生思考,教师既要与学生共同观看幻灯片,又要用目光扫视全体同学,适时地提醒学生认真观看。在教师专注讲解不需要幻灯片时,如果幻灯片仍然显示,则会分散学生的注意力,而不专注于听讲,这时教师可以使屏幕黑屏或者白屏,这样学生就会集中注意力去认真地听讲了。

二、白板板书的策略和方法

使用白板便于书写,所以许多教师不用粉笔便直接在白板上书写了,但是他们是用白板的硬笔或软笔直接在幻灯片上书写,这样幻灯片上文字与书写的字混在一起,有时甚至把幻灯片上的字遮盖了,结果使得幻灯片看起来很乱,学生分不清该记什么,不记什么,从而导致学生学习效率低下。有些教师使用了电子白板,粉笔则根本不用了,结果一节课下来黑板上空白一片。所以使用电子白板教学,如何板书是值得教师考量得。我们通过观察研究认为:一节课的重点内容应该在黑板上板书,因为教师板书的过程可以放慢教学的进

度,使得学生有时间思考和理解,有利于学生在头脑中建构知识,使新知识与旧知识发生联系,同时板书也暗示了重点知识,利于学生记笔记。另外,板书保留在黑板上,学生始终能够把握这节课的重点内容。如自由落体运动板书设计如下:

> (一)什么是自由落体运动
>
> 1.初速度为零
>
> 2.只受重力
>
> (二)自由落体运动的特点
>
> 初速度为零的匀加速直线运动
>
> (三)重力加速度
>
> 1.g,一般情况下取9.8m/s^2
>
> 2.重力加速度随着纬度增加而增大

对于其他的讲解,如果字比较少,教师可以直接用白板的硬笔或软笔在幻灯片上书写,但在幻灯片制作时要按照上面原则,字数、行数要尽可能的少,这样白板书写时才会有空白,字与字才不会重叠。如果教师书写的字较多,可以使用电子白板的书写窗口,把它拖到需要的地方书写便可。如果教师临时补充知识或复习与其相关的知识,教师可以使用电子白板的新建黑板页或新建白板页,在新建的页面上板书便可。如果一页书写不下,而后面内容与前面知识又有关联,教师可以使用页面漫游,使得页面扩大,便于学生整体观看。

三、情境创设与白板融合的策略和方法

建构主义学习理论认为:知识不是通过教师传授得到的,而是学习者在一定的情境及社会背景下,借助其他人(包括教师和学习伙伴的帮助)利用必要的学习材料,通过意义建构的方式而获得。学习是一种真实情境的体验。只有在真实世界的情境中才能使学习变得更为有效,建构主义学习理论强调创设情境的必要性。怎样创设情境更有效呢? 首先,情境创设要具有针对性和目的性,教师要根据教学的内容、学生的认知水平来选择情境。如《从闪电说起》,有的教师引入新课时做了辉光球使日光灯发光的实验,此现象确实令人很惊奇,但它与这节课有多大的关联呢? 相反,有的教师播放了一段闪电的视频,这个情境的创设不仅激发了学生学习的兴趣,而且切合学习的内容,利于

学生的经验与所学知识进行连接。第二,情境创设要能引领学生思维,如:创设认知冲突情境、创设原始问题情境、创设故事情境等。情境创设后,不能只是让学生感到好玩,要针对情景提出有关的问题,引导学生思考,如前面创设闪电情境后,提出问题"这是大自然壮观的景象:闪电,你知道它是怎样产生的吗? 电又是怎样产生的? 它们之间有着怎样的规律?"也可以用白板直接展示出预设的问题。第三,情境创设要切合学生的认知水平,与学生生活经验相密切,且能激发学生的共勉。第四,情境创设要把握好度。播放的情境不宜过长,也不能过度地增加视觉、听觉的效果,以增强学生感官的刺激,否则会分散学生的注意力,转移学生的兴趣,降低信息技术的使用效果。

四、白板直观展示的策略和方法

物理有许多抽象的概念,学生理解比较困难,尤其是一些空间想象的东西,如洛仑兹力的方向。电流方向、磁场方向和洛仑磁力的方向很难描述清楚,教学中很多教师利用电子白板的强大功能,把它们用三维动画立体地展现在学生面前,这样学生一看就明白了。很多教师觉得这样简单易行,学生一看就懂,然而这样做学生听起来是容易了,但抽象思维能力达不到锻炼。教学的目的不仅仅是为了让学生听起来更容易,更重要的是培养学生解决问题的能力。所以,在讲解抽象知识时,不应该立即用三维动画把抽象的东西直观化,而是要有意识地设置一些障碍,让学生想一想。教师先用语言引导学生想象,再借助于物体模拟帮助学生想象,等学生充分思考之后,如果还有困惑,再用三维动画展示出来。播放三维动画后,一定要留给学生足够的时间想象,教师要用语言引导学生,促进学生在头脑中建构抽象图形的意义;最后再及时举例应用,让学生巩固强化,学以致用。

五、实验与白板融合的策略和方法

一些演示实验可见度低,如温度计,坐在中间及后排的学生就很难看清其构造及读数。怎样演示,让所有的学生都能看清楚?教师可以利用白板的展示台,把演示的过程投影到白板,让全体学生观看,其中可以利用它的慢放、放大的功能,甚至可以利用拍照功能抓拍瞬间的状态。对一些不方便投影能见度又低的实验,教师还可以事先把实验的过程拍摄下来,上课时用白板的媒体播放功能。对于分组实验,怎样提高分组实验教学的效率,让分组实验有序、有效地进行? 首先,要解决学生好奇、好动手的问题。根据多次观察可知,学生开始是能够按照教师指示先听课,不会随意动手做实验,只有当学生感知到可能要进行实验了,学生才会按捺不住,动手的欲望就会变得很强烈。多数人跃跃欲试,课堂上常常出现你讲你的我做我的情形。此时要抓住学生的注意力,只讲是没用的,可以用白板展示物理实验器材或者仿真实验室中的器材,这样能够很好地吸引学生的注意力,利用人机互动介绍仪器的结构、性能和使用方法,使学生对仪器有全面的了解。接下来乘势播放事先拍摄好的实验操作步骤和注意事项,2～3分钟,时间不能长,并结合教师讲解。学生观看完毕,动手实验,此时视频或微课要不断地重放,学生如有不会的地方可以抬头观看。学生实验时,教师巡视,若发现学生实验中存在典型问题,教师可以用手机拍摄下来上传到计算机,作为典型案例分析给全体学生观看。实验数据小组展示时,利用电子白板展示台,直接投影学生的数据便可。最后,当所有的学生完成实验后,再播放制作视频或微课,对实验作小结并及时巩固。

六、习题教学与白板融合的策略和方法

习题教学注重的是培养学生应用物理知识解决问题的能力,而不是纯粹训练学生的解题能力。使用白板可以提高习题教学的效率,但必须要有正确的方法和策略。首先,白板展示题目,黑板板演过程。教师上习题课时把题目(包括图)用白板一次展示出来,教师领着学生一起阅读题目,弄清楚题目的已知和未知条件,之后让学生思考,自行分析物体的受力状况、运动状态及其过程,其中可能会涉及一些比较抽象的过程,但不要急于用白板把它直观形象化,要尽可能让学生在头脑中去建构,等学生达到"愤、悱"时再用白板展示直观形象的图,给予学生理解的帮助。第二,解题的过程不要用白板笔书写,用粉笔在黑板上板书。因为直接在白板上书写就会与原题混淆。如果使用"书写窗口",窗口也会遮盖原题,学生在解题过程中看不到题目;如果用页面漫游、新建页面,也都存在原题不在当前页面的情况,学生在解题过程都需要去翻原题,这样造成不必要的时间浪费。而且,教师似乎都在白板上写字速度快,而黑板上则会一笔一画地写,写的速度也较慢。书写慢了便于学生思考,

也利于一些理解慢的学生能够跟上教学的节奏。同时,黑板上板书能够给学生一个完整的印象,便于教师对学生规范解题步骤。第三,变式练习。通常所言的变式练习是教师讲解一个题目后,以原题为基础进行变式,而且变式是教师在变,学生跟着练习。而这里的变式练习,是学生对原题进行变式,充分发挥学生的主体作用,发挥学生的聪明才智。学生之间可以互做对方改编的题,教师也可以把学生好的变式题用白板展示,然后让每个学生去做,教师再做评价。这种变式练习,可以充分调动学生的积极性,使学生参与解题之中,激发学生的学习兴趣;也可以更好地促进学生对所学知识的理解,促进知识的连接和巩固,更利于学生对所学知识的掌握。

第三节 交互式电子白板在物理教学运用中的实验对比

一、实验对象选择

在当涂县亭头初中2012届八年级和马鞍山市丹阳中学高一年级各选择两个班。这四个班级在入学时是按照其入学考试成绩平均分配的。学生的基本情况相同,任课教师也几乎相同。确定八(2)班、高一(1)班为实验班,八(1)班、高一(5)班为对照班。

二、实验因素的控制

在整个实验过程中,实验班和对照班都使用同一教材,授课教师的水平相当,各班授课时数相同,教学进度、教学内容相同。

对照班由授课教师自由掌控,按照自己的方式去授课。实验班则采用白板授课且按照上述的教学策略和方法进行备课教学。

实验结束后,用统一测试卷对他们的学习情况进行测试并进行统计检验,比较实验班与对照班的成绩,看实验班采用的教法对学生的成绩是否产生效果,同时对学生进行访谈,直接了解白板教学的效果、学生对这种教学方法的评价以及给学生学习带来的影响。

三、实验过程

干预实验：2012年9月2日至2013年1月26日，对照班由所任教师按自己的方式教学，实验班则按预先设计的实验方案制作课件用白板进行教学。

后测：2013年2月4日，用期末统一考试卷对实验班和对照班进行测试。

四、实验结果

(一)学生学习物理成绩的变化

实验的数据用Spss11.5统计软件进行分析，结果两个班的成绩成正态分布。学生成绩记为变量P，分组变量名为Group，并用1代表对照班的学生，2代表实验班的学生。

表7.1　八年级学生成绩分组描述性统计量

分组变量	样本容量	样本均值	样本标准差	样本均值的标准误差
1	49	62.0612	21.01231	3.00176
2	52	71.3077	21.27605	3.01286

表7.2　八年级学生成绩独立样本T检验结果

	方差齐性检验结果		等均值T检验结果						
	F值	显著性概率	T值	自由度	双尾显著性概率	均值差异	均值差异的标准误差	均值差异的95%置信区间	
								对应上限	对应下限
假设方差相等	.211	.647	−2.172	99	.032	−9.2465	4.25725	−17.69377	−.79916
假设方差不相等			−2.174	98.93	.032	−9.2465	4.2529	−17.68539	−.80755

表7.3 高一年级学生成绩分组描述性统计量

分组变量	样本容量	样本均值	样本标准差	样本均值的标准误差
1	28	46.71	15.258	2.883
2	32	36.78	14.577	2.577

表7.4 高一年级学生成绩独立样本 T 检验结果

	方差齐性检验结果	等均值 T 检验结果							
	F 值	显著性概率	T 值	自由度	双尾显著性概率	均值差异	均值差异的标准误差	均值差异的95%置信区间 对应上限	对应下限
假设方差相等	.862	.357	2.577	58	.013	9.93	3.855	2.216	17.650
假设方差不相等			2.569	56.154	.013	9.93	3.867	2.187	17.679

表7.1中,实验班八(2)班的人数为52人,对照班八(1)班的人数为49人。八(2)班的均值为71.3077,八(1)班的均值为62.0612。这说明采用新的教学方法,实验班的成绩比对照班的有了较大的提高。

表7.2中,方差齐性检验结果,F 统计量的值为0.211,其相伴概率为 $P=0.647>0.05$,因此,认为两组成绩的方差具有齐性。在 T 检验结果中应该选择假设方差相等(Equal variances assumed)一行的数据作为 T 检验结果的数据。经双侧 T 检验,T 的统计量的值为2.392,相伴概率为 $P=0.032<0.05$,差异有显著性意义,可以认为实验班和对照班期末考试成绩有显著性差异。

表7.3中,实验班高一(1)班的人数为28人,对照班高一(5)班的人数为32人。高一(1)班的均值为46.71,高一(5)班的均值为36.78。这同样说明采用新的教学方法,实验班的成绩比对照班的有了较大的提高。

表7.4中,方差齐性检验结果,F 统计量的值为0.862,其相伴概率为 $P=0.357>0.05$,因此,认为两组成绩的方差具有齐性。在 T 检验结果中应该选择假设方差相等(Equal variances assumed)一行的数据作为 T 检验结果数据。经双侧 T 检验,T 的统计量的值为2.392,相伴概率为 $P=0.013<0.05$,差异有显著性意义,可以认为实验班和对照班期末考试成绩有显著性差异。

(二)学生学习物理态度的变化

实验后,我们对一些学生进行了访谈,了解了他们对学习物理的态度。以前对物理存有害怕心理的学生,现在觉得物理并不像以前那样难学了,好像物理也没有以前那样难懂了。以前,物理课上完后,有些学生不想去看物理书,也怕见到物理题目;现在,上完课后,这些学生会主动地复习物理,自己找一些物理题目来做,甚至私下里还会就一些物理的问题进行探讨。显然,他们在物理上所花的时间明显多于以前,学习物理的态度也有了明显的变化。

(三)学生学习物理兴趣的变化

实验前,初中两个班都是刚接触物理,学生都有一定的兴趣。经过一个学期的学习之后,课题组对亭头初中的实验班与对照班进行了调查(见附录8、附录9),统计分析如表7.5和表7.6。

表7.5　八年级学生学习兴趣分组描述性统计量

分组变量	样本容量	样本均值	样本标准差	样本均值的标准误差
1	50	56.3600	7.40865	1.04774
2	48	63.0208	9.94557	1.43552

表7.6　八年级学生学习兴趣独立样本 T 检验结果

	方差齐性检验结果		等均值 T 检验结果						
	F值	显著性概率	T值	自由度	双尾显著性概率	均值差异	均值差异的标准误差	均值差异的95%置信区间对应上限	对应下限
假设方差相等	5.179	.025	−3.770	96	.000	−6.6608	1.76675	−10.16781	−3.15386
假设方差不相等			−3.748	86.789	.000	−6.6608	1.77721	−10.19336	−3.12831

表7.5中统计分析表明:实验班的物理学习兴趣均值是63.0208,对照班的物理学习兴趣均值是56.3600。表7.6中方差齐性检验结果, F 统计量的值为5.179,其相伴概率为 $P=0.025>0.05$,因此,认为两组学习兴趣的方差具有齐性。在 T 检验结果中应该选择假设方差相等(Equal variances assumed)一行的数据作为 T 检验结果的数据。经双侧 T 检验, T 的统计量的值为−3.748,相伴概率为

$P=0.000<0.05$,差异有显著性意义,可以认为实验班和对照班学习兴趣两者间存在显著性差异。这说明实验班采用的策略和方法对学生学习物理的兴趣产生了很大的影响,它有效增强了学生对物理的学习兴趣。课题组也从课堂观察对实验班与对照班学生的学习气氛进行了观察,发现实验班学生上物理课听课的气氛明显好于对照班,学生发言的积极性比较高,善于提出各种各样的问题,课堂讨论、师生互动也很容易开展,而在对照班则是另外的景象。课题组分别对实验班与对照班的学生进行调查,从学生对问题的回答就能明显感觉到实验班的学生相比对照班的学生更喜欢物理,在物理学习上投入的时间也较多,对物理学习更有信心,而对照班的学生更多的人觉得物理越学越难,以至于一部分人从开始好奇正慢慢地失去对物理的学习兴趣。

第四节　结论与反思

经过一个学期的教学实践,实验班教师坚持按照课题组提出的六条策略和方法进行备课与授课,实验班学生的物理学习状况逐步在朝好的方面发生变化。依照策略和方法一、二,有效地控制了课堂教学的节奏和容量,使其符合学生的认知水平和接受能力;根据策略和方法三,能够有效地激发学生的学习兴趣,抓住学生的注意力,使学生很快地进入到新课教学环节;运用策略和方法四,既能够利用白板提供生动直观的图形与动画,帮助学生思考与想象,又能让学生有足够的时间,让学生在头脑中建构其物理的意义,对培养学生的解决问题的能力有很大的帮助;运用策略和方法五,有效地提高了演示实验和分组实验的教学效率,切实地做到了人机互动、师生互动,充分地应用了课堂有效教学的时间;运用策略和方法六,改变传统的习题教学方式,充分发挥了学生的主体作用,让学生参与到习题的创作之中,使学生更乐于做习题,乐于思考,故不仅提高了学生解决问题的能力,也提高了习题教学的效率。总之,运用以上策略和方法,促进了交互式电子白板与物理教学的深度融合,提高了物理教学的效益。

当然,由于研究人员研究的能力和水平等因素的限制,研究中还存在诸多的不足:

(1)在调查样本选择上,研究对象为几所农村普通高中和初中的学生,生源的特点具有单一性,对于城市中的学生没有进行跟踪调查研究。

(2)在研究方法上,没有采用样本数量较大的问卷调查,而是限于一定数量的样本,进行观察、访谈,收集整理的数据可能带有一定的局限性。

(3)实验研究只在一所农村普通高中和初中选择两个班进行了对比实验研究,实验的结果是否具有可推广性还有待于进一步验证。

(4)交互式电子白板具有强大的功能,由于能力和水平的限制,课题组只开发了它的部分功能并对其进行了研究,其他功能并未涉及,但这并不意味其他功能对于提高物理教学没有作用,这些功能与物理教学的融合,有待于以后进一步探索。

以上的一些认识和看法,是研究小组在本地区的教学实践研究中得出的,可能具有一定的片面性和局限性,希望读者加以甄别。

第八章　信息技术环境下物理有效教学的探讨

随着信息技术的迅猛发展，信息技术被应用到社会生活的各个领域。而信息技术与课程资源的整合，称之为多媒体辅助教学。早在20世纪90年代，我国《基础教育课程改革纲要（试行）》中明确指出："大力推进信息技术在教学中的普遍应用，促进信息技术与学科课程的整合。"从此，多媒体辅助教学在教育中的应用受到人们普遍的重视。尤其在中小学教学中，从上到下，人们对此推爱有加。教学比赛、公开课，几乎都是多媒体辅助教学。多媒体辅助教学以其独特的功能，动态的视听效果，直观的形象，大的容量为人们所青睐。

然而，随着多媒体辅助教学在教学中的不断应用，人们越来越意识到它的教学效果似乎没有人们想象的那么神奇了。在冷静地思考信息技术与课程整合的过程中，发现多媒体辅助教学在教学中的应用还存在着诸多的问题，有必要加以思考和研究。

那么如何在信息技术环境下优化物理课堂教学，提高课堂教学的有效性呢？据此，我们申请了省级课题"信息技术环境下物理有效教学的策略和方法的研究"，以期探索在信息技术环境下课堂教学的有效性。为了做好该课题研究，我们对多媒体在概念、习题、实验教学三个方面以及课件制作进行了调查和观察，以期了解多媒体在教学使用过程中的真实情况，进而优化多媒体在课堂教学中的效果。

第一节　多媒体教学的现状

一、学校多媒体硬件状况

从问卷调查以及到学校实地调查可知,我县的中小学都建有电脑室、多媒体室,大部分学校还建有班班通,相当一部分学校使用了白板,甚至有的学校还建了录播室。每个电脑室都配有专职工作人员,每位教师都有办公电脑。可以说,多媒体辅助教学的硬件条件已能满足教学所需,教师只要有意愿,随时都可以采用多媒体进行辅助教学。

二、教师使用多媒体进行辅助教学情况

多媒体辅助教学广泛使用的时间并不长,且需要一定的电脑使用技巧。一些年长的教师,对使用多媒体进行辅助教学有畏难情绪,他们仍坚守一支粉笔、一张嘴的传统教学方式。年青的教师大都会使用多媒体进行辅助教学,但也只是在教学比赛或公开课中使用,实际课堂教学中只有很少的教师使用多媒体进行辅助教学,更谈不上有意识地自主开发各种教学资源。

三、多媒体辅助教学的效果情况

多媒体技术与物理课堂教学的整合,可以给学生带来视觉上的冲击、情感上的感染,能展示物理世界的神奇与奥妙,又能激发学生的好奇心和求知欲,为师生提供互动的平台。但在跟踪、观察多媒体应用教学中,发现教学效果不甚理想。由于信息技术的优势,知识传授的倾向不但没有改变,反而得到了加强。教师把更多的知识利用信息技术的便利条件灌输给学生,让学生强化记忆,强化训练,使得学生的主体地位不复存在。轰轰烈烈的视觉效果,往往忽视了教学任务的完成,忽略了知识的落实,使学生找不到中心。于是,有些教

师开始怀疑信息技术在教学中的应用效果了,还有一些教师甚至于弃之不用。

四、课件制作的情况

随着计算机的普及和网络的出现,大量电子版本的课件、动漫图片和发生的各种事件图片出现在网络上,为教师制作课件提供了极大的方便。但网络上的课件很多都是质量不高的课件,稍有质量的课件就需要付费,况且下载的课件也不一定适合教学的实际情况。我们曾组织了一次较大的全县物理同课异构教研活动,分高中和初中两组进行,三十多节课听下来,课件是何等的相似,不同的只是教师的教学风格和语言表达能力。教师基本上都是拿来主义,课件中几乎没有自己的东西。更有甚者,有的教师请别人做好课件,自己只是记住操作程序。这样的课件质量可想而知,既不符合学生的认知结构,也不符合教学实际。

第二节　信息技术视角下物理课堂教学的探讨

目前,相当一部分学校的多媒体软、硬件配置已达到了较高的水平,但多媒体辅助教学中仍存在着教师意向不高,或使用过程中不熟练,或课件制作烦琐,或使用不当等种种情况。多媒体辅助教学在优化课堂教学中没有发挥出应有的作用,所以我们可以从以下几个方面入手,提高课堂教学的有效性。

一、提高教师信息技术应用能力是提高课堂有效性的前提

多媒体教学是一门新的教学技术,它不但要求教师要懂得多媒体的使用,而且要求教师自己会设计和制作教学课件,这就向教师提出了更高的要求。这项工作除要求教师自学之外,学校应组织教师集中进行科学化和规范化的培训,这样既可节省时间,又能提高学习效果。特别是教研部门,可通过开展一些区域内的大型教研活动,如多媒体开放日、多媒体评优课、课件评比、课件展览、课件观摩等活动,提高教师制作课件的水平和处理教材的能力。只有教师能熟练地使用计算机和应用软件,掌握一定的网络基础知识,具备处理常见

故障的能力,真正把计算机当作备课、授课、组织教学的工具,才能提高课堂教学的有效性。

二、转变教师教育观念是提高课堂有效性的保证

在传统的物理教学过程中,主要采用教师讲学生听的教学形式,没有发挥学生的主体作用,而且教师习惯于这样的教学,满足于自己的主导地位。但这样的教学,不利于学生个性的培养。因此,教师要切实转变教育观念,而多媒体教学为这种转变提供了物质基础。教师要将自己定位为教学情境的创设者,学生运用信息技术进行学习的指导者,学生运用学习工具的帮助者,协作学生学习的组织者,学生进行意义建构的促进者。当学生在学习中遇到问题时,教师可以及时地提出或利用计算机网络和学生讨论、交流,让学生在讨论和交流中找出解决问题的方法。当学生对某个物理现象有自己的观点时,也可以让学生进行讨论和交流,教师根据学生的交流,做最后的仲裁者。这样的双向交流使学生的思维更为活跃,既有利于培养学生的创新意识,又有利于实现以学生为主体的现代教学思想。

三、"因课而异"是提高课堂有效性的原则要求

在具体的教学过程中,要根据学科知识的特点、教学目标、学习任务、学生情况,设计合适的教学课件,以达到优化教与学的过程,提高教学的有效性。

(一)概念教学中,课件要侧重于创设问题情境

对于抽象且难懂的物理概念,教师必须创设丰富的物理问题情境。而在创设物理问题情境,特别是学生与物理概念相关的感性材料相当贫乏时,多媒体辅助教学就可以发挥其独特的作用。例如在引入《光的直线传播》新课时,可以播放日全食的情境来引入新课,让学生被其壮观奇妙的情境所吸引。又比如在引入压强的概念时,可展示步行者陷入雪中艰难行走和滑雪者愉快轻松前进的视频,让学生产生强烈的求知欲望。学生观看了背景材料后,大脑中就会立即产生疑问,为什么会产生这种现象? 其中包含了什么物理道理? 学生有了认知冲突,就会激发出学习兴趣,就会积极地思考。这种向上的学习氛围,既有利于教师的教

学,又有利于学生概念的理解和掌握,从而提升物理概念教学的有效性。

(二)实验教学中,课件要侧重于观察现象

由于受到常规实验仪器本身的限制,实验效果常常不尽如人意。还有些学校,由于仪器设备的短缺或陈旧,不能进行分组实验、或不能达到实验效果、或无法演示实验。在这种情况下,多媒体技术模拟实验的辅助教学,就可以避免教师只能对照课本"纸上谈兵"地讲实验这种现象。教师可以从网上下载或利用 PowerPoint 制作互动性强、仿真度高的课件。如在做凸透镜成像规律实验时,先用常规仪器按传统实验方法进行演示,但由于常规实验仪器的限制,蜡烛在光屏上所形成的像随着物距的变化而变化这一现象不是很明显,致使学生对凸透镜成像的特点不甚理解,并产生迷惑。若在上述演示实验的基础上,再采用多媒体技术进行凸透镜成像规律模拟实验,演示物距从无穷远至小于焦距的整个实验过程中物距、像距和像的变化情况,整个模拟实验过程流畅、直观、明了,从而使学生对该实验有一个清晰完整的认识。教师演示完后,还可让学生在电脑上单独或分组利用课件对实验进行模拟操作。由于学生观察了真实的实验,对于用课件模拟操作的实验结果的真实性,不再会有怀疑的态度。这样既可以使学生了解真实的实验,又能取得与真实实验相近的实验效果,对理解物理概念和掌握操作技能起到了事半功倍的作用。

由此可知,通过信息技术与物理实验整合,可以突破常规实验仪器的局限性,可以对那些难以观察到的、复杂的、困难的实验进行模拟。但教师切不可用多媒体实验代替所有真实的实验,即使对那些实验效果不明显的实验,也要尽可能地用真实实验器材展示实验过程。只有这样,才可以优化物理实验教学,提高实验教学的有效性,从而有助于学生发现规律、获得知识,提高学生的科学文化素质和实验技能水平。

(三)习题教学中,课件要侧重于展示思维过程

习题教学是物理教学的一个重要组成部分,然而教师比较注重学生认知领域的研究和实践,忽视了习题教学的育人功能,产生这一问题的原因是多方面的。习题教学首先要考虑学生的情感因素,使习题教学在学生学习兴趣、学习动机、学习信心、学习意志、创新精神等方面发挥独特的育人作用。正是上述习题教学的理念变化,教学有效性的内在要求,多媒体辅助教学才具有无可

比拟的优势。教师根据学生的学习情况、教材内容命制习题,或精选习题,这就是我们通常说的典型习题。通过多媒体屏幕展示给学生,利用黑板的所有空间,或教师讲解、演示,或学生板演,可节约大量的时间,从而通过师生的双边活动暴露出学生的不足、思维方向的缺陷,提高习题教学的有效性。

教师要充分利用多媒体辅助教学设备的有利条件,在精选典型习题或根据学生实际自己命制习题的基础上,建立起小型题库,并不断更新。由于习题是根据学生的学习实际精选的或是自己命制的,可根据需要分层布置,分类布置,使习题教学得以优化,使学生远离"题海",提高学习效率。

四、建立小型资源库是提高课堂教学有效性的长期要求

教学资源库的建立,是课堂教学有效性顺利进行的重中之重,学科教师应根据教学实际,充分利用现有条件下的网络、多媒体信息资源库和教学软件,从中选取适合自己教学需要的内容来制作课件,从而适应不同教与学情境的需要,彻底改变教学软件在设计、开发和使用上的相互分离的局面,使多媒体教学在课内或课外的运用朝着多媒体教学与学科教学相结合的方向发展。通过同行教师的相互合作,创造出适合自己的教学环境、体现自己教学风格的精品课件,并毫无保留地和同行教师共享。改变目前课件大多由无物理教学经验而由计算机专业人员制成,且与中学物理教学的实际需要存在着或大或小的差距的局面,从而提高教学的有效性。

总之,使用多媒体可优化物理课堂教学,在物理概念、物理实验、习题教学以及课堂结构等方面能起到优化作用,提高课堂教学的有效性。多媒体辅助教学还可激发学生对物理学科学习的兴趣,以及课堂内外的参与意识;同时,多媒体应用于物理课堂教学也能鞭策教师进一步构建新的教学模式,完善课堂教学结构,使教学过程更具有科学性;而且还可帮助教师在课堂上更合理地掌握和利用时间,吸引学生的注意力,使学生在课堂上接受和掌握更多的知识,发展更多的能力。特别是现在兴起的翻转课堂这一教学形式,使学生自主构建知识有了可能。但多媒体教学不能喧宾夺主,应尽量避免多媒体使用的误区,否则会酿成苦果。多媒体再好,也只是个工具,它无法替代人的情感和智慧。教学始终应以人为核心,围绕教学目标的实现,适时合理地选取、扬长避短才是使用好多媒体的关键。

第九章　信息技术环境下物理习题课的有效教学策略

在中学物理教学中,习题课的主要功能有三个方面。一是巩固概念和规律,了解教学情况,回顾和梳理知识,并将各部分知识进行有机地整合,进而构建知识结构。二是深化知识,培养学生的思维品质,提高解题能力。三是习题教学的育人功能。习题教学要考虑学生的情感因素,使习题教学在学生学习兴趣、学习动机、学习信心、学习意志、创新精神等方面发挥独特的育人作用。只有上升到这个高度,才能减轻学生的学业负担,才能克服高耗低效的现象。如何提高习题课的效率,多媒体的使用为习题课有效教学提供了极大的空间,使得学生认知结构对知识和方法的内化有了充足的时间。如何在信息技术环境下提高习题教学的有效性,笔者根据近年教研工作的体会,结合多年的物理教学实践,做了如下一些思考和探索。

第一节　选题的目的

一、习题教学的现状

习题教学是物理教学的一个重要组成部分,然而在多年的教研工作中,习题教学有许多不尽如人意的地方。教师比较注重学生认知领域的研究和实践,忽视了习题教学的育人功能,产生这一问题的原因是多方面的。如何由应试教育向素质教学转变,这是摆在我们面前的一个紧迫问题。由于教师不注重习题研究,不加选择地、随意性地使用泛滥成灾的各种教辅资料,致使有时习题难度偏大,出现超纲题、偏题、怪题;有时习题结构混乱,情境荒谬,缺乏针对性、层次性和有意义的内在逻辑关系;有时所选的习题类型单一,注重类似小球、斜面等理想化的封闭性物理习题,缺乏以实践性、探究性、趣味性、人文性等为背景的开放性物理习题。还由于教学模式的单一,注重以教师讲授为主的讲授式教学,学生在解答物理问题过程中没有进行有效的探究活动,从而导致认知结构对知识和方法的同化没有得到内化,这种以"知识提要介绍—例题分析讲解—课外巩固练习"为框架的传统习题教学模式已不再适应新的课程标准,必须要加以改变。

二、选题应遵循的原则

选题目的要明确,教师要认真备课,每道题目的选择不但要明确所要解决的问题,而且要考虑到课标和考纲对知识层面的要求,更重要的是要兼顾学生的知识储备情况。选题时,首先要明确学生应该掌握哪些基本概念和规律,其次是考虑讲解什么样的试题才能达到目标。通常要遵循三个原则:一是习题的基础性;二是习题的难易要适度,由简单到复杂,循序渐进;三是要注意习题的针对性和拓展性。

所谓典型习题应该具备基础性、代表性、扩展性三个特征。所谓基础性就是说该典型习题来源于课本或者平时的练习,难度适中,对于任何合格的学生来说,都是可以很快地进入思考层面,教师也能很快地诊断出学生的不足。代表性是指典型习题能够代表某一类型的问题,可以代表这些问题中相同的知识点,也可以代表解决这类问题相似的科学思维方法,或者说承载了相似的物理科学思维方法。学生在这样的习题教学中,可以远离"题海",提高学习效率。扩展性则要求典型习题具备良好的延展性,可以向不同的广度和难度方向扩展,以便体现教学的弹性,从而使不同层次的学生都能提高,体现很好的选择性。

第二节　信息技术环境下的物理习题教学

一、建立小型题库

信息技术与课程资源的整合,称之为多媒体辅助教学。这在教育中的应用受到教师的普遍重视。多媒体教学作为一种新的教学手段,它不但要求教师要懂得多媒体的使用,而且要求教师自己会设计和制作教学软件,这就向教师提出了更高的要求。教师应在掌握多媒体使用和制作课件的基础上,根据教学的积累和教学的实际情况,建立分类的小型题库:如平时教学的题库,复习时的题库,阶段测试时的题库,联系实际的开放型题库,高三总复习时的题库等,并不断地加以更新,以便教学时随时使用。这些题库中的习题是经过你深思熟虑精选出来的,比市场上的现成资料更适合你的教学。

二、习题教学问题化

把习题教学变成问题教学,把教学过程看成是发现问题、提出问题、解决问题的过程。因问题是思维的诱因和起点,也是推进思维的动力,所以要让学生亲自探究,得出结论。同时,教师要调动学生的积极性,发挥学生的主体作用,让学生主动学习。这样学生既动脑又动手,在解答问题的过程中才会萌生学习的动机和欲望,进而逐渐养成积极思考的习惯。

如在讲授电场中等势面的概念及其性质时,可设置以下小题:

如图所示,虚线 a,b,c 是电场中的三个等势面,相邻等势面间的电势差相同,实线为一带正电的质点通过时的运动轨迹,质点仅受电场力作用,P,Q,R 是轨迹上与等势面相交的三点,则下列说法中正确的是(　　)

A.三个等势面中,等势面 c 的电势最高

B.带电质点从 P 点运动到 Q 点和从 Q 点运动到 R 点的过程中,电场力做功相同

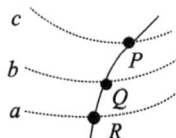

C.P点的场强比Q点的场强小

D.带电质点通过P点时的动能比通过Q点时小

学生通过对这道题目的思考解答,可以理清等势面与电场线之间的区别与联系,理解在等势面上和等势面间移动电荷时电场力做功的特点,巩固电势能与动能之间的转化与做功的关系。

三、激励展示,多边互评

很多教师的思想中存在一个误区,总认为把自己丰富的解题经验和理解传给学生,学生就能迅速地获取知识,避免错误和少走弯路。实际上,学生在学习中遇到问题和犯错误是不可避免的,并且只有经过犯错误,才能获得对知识的真正理解。多媒体结合幻灯片,在这方面就可以发挥独特的作用。它可以迅速将学生的解题思路或解题过程展示出来,既可以展示好的解题方法,也可以展示不规范的解题过程等。更重要的是要展示学生中的典型错误,暴露出学生的知识结构缺陷。通过安排对某些问题的讨论、交流与总结,让学生陈述自己的观点,相互切磋,进入热烈、深入的思辨场,让学生实现自主与创新学习,从而达到更深、更高的认识水平。学生伴随碰撞所产生的智慧火花,能达到相互促进和共同提高的目的,也能为教师及时调整教学内容和有针对性地进行课堂教学提供真实的一手资料。

四、加强变式训练

教师在上习题课时,特别是复习时期,总要讲很多例题或编很多习题让学生练习,其目的是让学生从练习中巩固知识,寻求解题的思路和方法,但这给学生带来了极大的危害。教师成了"灌题漏斗",学生成了"解题机器",形成教学中的高耗低效现象。很大一部分"用功型差生",牺牲了大量的休息时间,花费了大量的精力,进入了会做的反复再做、不会做的不再涉及的怪圈。实践证明,习题不在于多而在于精,课堂上教师的有效点拨,能使学生融会贯通,举一反三。其中一题多解、一题多变和多题归一都是非常有效的变式训练方式。

(一)一题多解

一题多解的常用方法有:变换物理规律、变换研究对象、变换参照系、变换数学方法、变化物理过程。加强一题多讲的训练,可以帮助学生从不同的角度来思考问题,活跃解题思路,开阔视野,锻炼思维的敏捷性,提高思维能力和灵活运用各种知识解决问题的能力;同时帮助学生深刻理解概念和规律的应用,激发学习兴趣,提高应变能力,培养学生的发散思维。

如在力学综合复习时,设置以下习题:

如图所示,在光滑的水平轨道上有两个半径都是 r 的小球 A 和 B,质量分别为 m 和 $2m$,当两球心间的距离大于 L(L 比 $2r$ 大得多)时,两球之间无相互作用力;当两球心间的距离等于 L 或小于 L 时,两球间存在相互作用的恒定斥力 F。设 A 球从远离 B 球处,以速度 v_0 沿两球连心线向原来静止的 B 球开始运动,欲使两球不发生接触,v_0 必须满足什么条件?

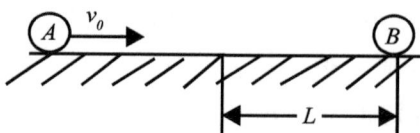

该题涉及动力学、运动学的有关知识,可以从不同的角度加深对上述知识的理解。据笔者研究,该题通过变换物理规律、变换研究对象、变换参照系、变换数学方法可以有九种解题方法。教师可以从匀变速运动的有关知识结合牛顿第二定律,按时间顺序分成若干个简单的子过程,再对子过程进行分析,列出方程求解。讲解时,教师要把自己的思考过程和对每个问题的解决思路、方法讲给学生听。在教师讲过最基本的解题方法后,教师要积极引导,鼓励学生尽可能多地做出其他解题方法,并用多媒体结合幻灯片将学生的解法展示给全体学生;同时尽可能多地给学生时间进行充分交流,加深学生对运动学和动力学有关知识的理解,提升学生思维的广阔性、严密性、深刻性、灵活性等品质,并对学生在解题和讨论过程中暴露出的知识缺陷进行完善。

(二)一题多变

一题多变是指从多角度、多方位对例题进行变化,引申出一系列与本题有关联的习题的一种习题教学方法。以求在变化中激发学生学习的热情,消除思维定式的负面影响,开拓学生思维的广度和深度,培养学生思维的灵活性。

如:如图所示,斜面体 M 放在水平地面上。现将物块 m 放在斜面上,物块恰能沿斜面匀速下滑,而滑面体静止不动,若用平行于斜面向下的推力 F,使物体加速下滑,则斜面体(　)

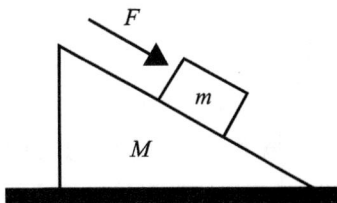

A.对地面的压力 N 不变

B.对地面的压力 N 增大

C.可能沿水平面向右运动

D.受到地面的摩擦力 F_f 方向水平向左

本题是一道典型受力分析的习题,在充分给予学生思考时间的情况下,让学生讨论每一个选项对错的理由,加深他们对物体平衡知识的理解,以及对整体和隔离思想方法的应用。在讨论得出正确选项后,教师及时地用多媒体推出以下变式训练,以提高学生的应变能力。教师不可一次推出所有变式,而是在学生讨论一个变式后,再推出下一个变式,且注意循序渐进,切不可"峰谷错落",也不能超出学生的认知水平。

变式一:若将推力的方向顺时针转过一小角度,使物体沿斜面减速下滑,则压力 N 和摩擦力 F_f 如何变化?

变式二:若改用平行于斜面向上的拉力,使物体沿斜面匀速上滑,则压力 N 和摩擦力 F_f 又如何变化?

变式三:如图所示,斜面体 A 静止在水平地面上,质量为 m 的滑块 B 在外力 F_1 的 F_2 的共同作用下沿斜面体表面向上运动。当 F_1 方向水平向右,F_2 方向沿斜面体的表面向下时,斜面体受地面的摩擦力方向向左,则下列说法中正确的是(　)

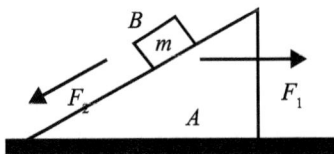

A.若同时撤去 F_1 和 F_2,滑块 B 的加速度方向一定沿斜面向下

B.若只撤去 F_1,在滑块 B 仍向下运动的过程中,A 所受地面的摩擦力的方向可能向右

C.若只撤去 F_2,在滑块 B 仍向下运动的过程中,A 所受地面的摩擦力的方向可能向左

D.若只撤去 F_2,在滑块 B 仍向下运动的过程中,A 所受地面的摩擦力不变

（三）多题归一

在复习过程中,我们会发现很多有不同物理情景的物理题具有相同的物理模型。那么利用多媒体可以进行习题归类,使问题模型化、简单化。如在复习电磁感应问题时,可以把速度选择器、磁流体发电机、电磁流量计和霍尔效应等问题的原理放在一起进行分析、比较,归纳出它们的共同点,表面上看是不同情境下的物理问题,但是本质上都是同一物理模型。即带电粒子达到很稳定状态时,受到的电场力与洛伦兹力平衡。还有类似于"子弹打木块"模型、"碰撞"模型、"类平抛"模型,都可以进行归类讲授。通过归类、模型化的教学,可以使学生整合物理规律和物理方法,提高解题能力,提高教学的有效性。

总之,随着信息技术的迅猛发展,信息技术被应用到社会生活的各个领域。可以说,离开了信息技术,我们的生活将是无法想象的。在这里,将多媒体引入习题教学,对物理习题教学的过程分析、物理过程的模型化、学生解题过程中的诊断性分析、学生的审题能力,以及规范化解题能发挥独特的作用。特别是关于科学、技术、社会、环境有关的开放性习题,以及学生自主构建知识方面,多媒体辅助教学显示出无比的优越性。

第十章　课堂提问存在的问题及对策的研究

课堂提问是师生互动的一种重要方式,是课堂教学必不可少的环节。但在实际教学中,课堂提问存在着诸多的问题,从而导致课堂提问的效率下降,浪费课堂宝贵的时间。如何有效地解决这些问题,提高课堂教学的效率,我们在本章中对此进行探索。

第一节　课堂提问存在的问题

课堂提问是师生互动的一种重要方式,也是教师了解教学情况和了解学生掌握知识情况的重要手段。有效的课堂提问不仅可以启发学生思维,还可以增强师生之间的情感交流,增强师生的信任感。不管教师采取何种教学方式,课堂提问都是必不可少的环节。但是在实际教学中,课堂提问的效果如何呢?

研究人员深入课堂,对有的教师的课堂提问作了细致地观察和研究,发现课堂提问存在着诸多的问题:有的教师提出的问题具有很大的随意性,缺乏针对性,教材中一些重点的东西和易混淆的概念没有设计问题,反而在一些鸡毛蒜皮的小细节上提出问题;有的教师提出的问题要么太简单,学生几乎不用思考就能回答或者在书上能直接找到答案,要么提出的问题太难学生回答不上来,挫伤学生的学习积极性;有的教师提出问题后,立即找学生回答,不给学生思考的时间,弄得学生很狼狈;有的教师提出问题后找学生回答是乱点鸳鸯谱,点到哪个就是哪个,也不管学生的实际水平能否回答这个问题,从而浪费课堂宝贵的时间;有的教师提出问题,学生答不上来,教师既不启发也不引导就立即找别的同学回答,有的甚至把学生凉在哪儿;有的教师不会把握课堂教学中生成的问题顺势引导学生,拓展学生的思维,从而错失培养学生能力的大好时机;有的教师事先设计了全部问题,利用幻灯片把问题展示,学生缺少主动提问的机会,长此以往学生的提出问题的能力得不到锻炼;有的教师利用多媒体技术把问题的答案快速地展示出来,而且文字信息太多,学生根本没有时间去建构。一节课只有45分钟,一个问题设计得不好或者提问的环节处置不当就会浪费几分钟的时间,这对课堂教学的效益有较大的损失。如何提高课堂教学提问的质量? 我们通过观摩优秀教师的课堂提问,借鉴专家学者的研究成果,结合自身的教学实践提出了一些策略,这些策略经我们的课堂教学实践证明是行之有效的。

第二节 课堂提问的策略

一、精心设计提问的问题

教师要精心设计课堂提问的问题。教师在备课时,要对教材的内容进行认真思考,对该课的教学目标、重点、难点了然于胸。然后针对教学的重点、学生易混淆和易出错的地方设计问题。设计的问题不是学生一看就能知道答案,也不是在书上能直接找到答案,一定要让学生经历思考,通过讨论、思维的碰撞才能给予正确的答案。或者提出的问题,要看似简单,但学生一回答就会掉入思维的陷阱,只有通过分析,透过表面的现象,才能揭示其本质。这样,学生通过回答问题,经过了思考的过程,其思维才能得到锻炼,从而促进认知能力的提高。

二、把握好提出问题的难易程度

提出的问题难易程度要把握好度。有研究证明:如果提出问题过于简单,缺乏启发性,或在书上可以直接找到现成的答案,学生不用动脑筋就能轻易回答,而且学生思维就不能得到有效的训练,那么学生会认为教师低看了他们的水平,时间长了会使他们产生消极抵制的情绪。如果提出问题过难,超出了学生能力范围,学生就会感到无所适从,会让学生有挫折感,从而抑制了他们的思维。学生若经常受到挫折,会丧失学习的兴趣,减少投入学习的时间,导致成绩下降,逐渐疏远学习。因此,教师在备课时要对学情做全面的分析,对班级学生的认知水平做到心中有数,针对不同的学生设计难易不同的问题。

三、提问方式要灵活多样

课堂提问方式要灵活多样,不可千篇一律,否则容易让学生产生厌倦。一是,直接提问。知识点的回忆、新课前的复习、课后的小结等都可以直接提问学生。二是,询问。如在物理教学中"机械能守恒定律"一节,讲完动能与势能的相互转化,教师询问学生:生活你还见过哪些事例是动能与势能的相互转化吗? 请举例说明。三是,反问。在课堂教学中,学生可能会有各种各样的问题或回答,教师要把握时机,借学生的问题或回答及时提出反问,来引导学生思考。如:在讲"平抛运动"时,让学生举例哪些是抛体运动。学生会说飘落的树叶、飞行的纸飞机等。此时教师要及时抓住学生的回答,提出反问:为什么你认为这是抛体运动呢? 请你说出你的理由。四是,启发式提问。对于教材中的难点,学生理解有点困难。教师设计一些启发式的问题,引导学生思考,帮助学生更好地理解。如:匀速圆周运动是变速运动。教师先启发学生什么是变速运动? 接下来启发学生匀速圆周运动速度变化吗? 怎样变化? 最后再启发学生匀速圆周运动中的"匀速"是什么意思? 五是,趁势追问。在学生回答问题后,不要止于正确的答案,要在此基础上进一步追问,使问题更深入,引导学生思维向深度发展。

四、提问顺序要灵活机动

点名提问顺序,要视具体问题灵活机动。教学中,常见的做法是问题一旦提出,学生自愿举手回答。教师根据举手来选择学生回答,这种方法最常用。但一些学生碍于情面,怕当众回答问题;一些学生担心回答出错,让其他学生笑话;一些学生本身就不想参与回答。如经常用这种方法会使得那些不主动举手的学生,逃避参与课程学习。所以,提问学生要灵活机动。有研究发现:

当只有一个唯一正确答案时,使用共同回答的方法是最好的。因为所有学生共同回答,这给学生提供了更多的反应机会,也给教师提供全班学生知识掌握程度的信息。当不需要学生给出确切答案时,最好向全班提问,然后随机选择学生来回答(没有必要选择自愿回答的学生)。这样学生不知道教师叫谁回答问题,都会积极地参与思考并主动地和周围同学讨论自己的回答是否正确。另外,多提问哪些学习成绩在平均水平上下波动的学生尤其重要,这能保证所有的学生都理解了课程。

五、等待回答问题的时间把握得当

教师提出问题后,等待学生回答的时间要把握得当。一些教师问题一提出来,就找学生回答,学生没有思考的时间;或者一些教师看到学生不能回答,就立即找下一个学生回答。有研究发现:等待时间很短,或很容易快速地放弃,这种做法会让学生感觉到教师对自己几乎不抱什么希望,会挫伤学生的学习积极性,损害学生的学习动机,所以问题提出后要等待。有研究证明:那些等待大约3秒钟的教师比快速放弃的教师更能取得良好的教学效果。如果学生真的不能回答,教师应该给予提示或帮助,而不是让他直接坐下;或者,先让别的学生回答部分问题,剩下部分再让原来学生回答。研究还表明:继续追问那些没有回答问题的学生,也能提高学生的学习成绩。

六、师生的问与答要有情感的交流

要对学生的回答作出评价,在问与答的过程中要与学生有情感的交流。在学生思考问题的时候,教师要用期待的眼神、微笑的面容等待着学生的回答。当发现有多数人能够回答提出的问题时,再找学生回答。当学生回答正确时,教师要面带笑容做出评价:很好! 完全正确,请坐,下一次继续努力。当学生对问题不能顺利回答时,教师应当给予鼓励,鼓励学生发表自己的观点、说出自己的想法,哪怕是错误的,也没关系。教师要真诚地对学生说:错误观点人人都有,科学就是从纠正错误开始的。不要怕暴露错误,要勇于面对。

七、培养学生提问的能力

课堂提问不能仅仅是教师提问,要培养学生提出问题的能力。爱因斯坦曾说过:"提出一个问题,往往比解决一个问题更重要。"新课程理念强调培养学生自主学习。那么如何培养学生自主学习的能力? 课堂教学中培养学生提出问题的能力就是很重要的一个环节。所以,教师要善于引导学生提出问题。如《自由落体》这一节,人教版教材中有这样一段话:"物体只在重力作用下从静止开始下落的运动,叫自由落体运动。"教材中用"只在重力作用下"有什么用意? 把"只"字删除可以吗? 教师要这样经常有意识地培养学生提问的习惯。大量研究表明,学生能从自己的提问中获益,尤其能从那些与正在学习的主题有关的背景知识的提问中获益。

八、合理利用多媒体技术

幻灯片展示的问题不应该完全是教师设计的问题,可以事先搜集一些学生的问题,找一些典型的、有代表性的问题。在问题展示后,要给学生充分思考的时间,文字信息不宜过多,要言简意赅,便于学生记忆和记笔记。

第十一章　网络资源在物理教学中的运用

　　为了提高农村学校的教学效率,提高农村教师的信息技术水平,提高农村学生搜集信息和处理信息的能力,国家斥巨资建立了农村远程教育工程(简称"农远")。我们对我县网络资源的使用情况做了一个调查发现,农村教师使用网络资源的不多,甚至有的教师还不知道有农远工程这个资源。为什么网络资源的使用率很低呢? 我们做了一些访谈,从中得知:有的教师不知道网络资源中有丰富的资源;有的教师不知道网络资源如何使用;有的教师没有应用现代信息技术的理念。这样导致一些学校的网络资源被束之高阁,甚是资源的浪费。本章对如何利用好"农远"网络和多媒体手段制作课件,引导学生"自主、合作、探究"式学习,优化素质教育,提高教学水平进行了一些有益的探索。

第一节　网络资源为物理多媒体教学锦上添花

一、网络资源为物理教师的专业知识和教学技能锦上添花

　　首先,网络资源库的扩展资料含有大量的有价值的专业知识,是许多优秀教师教学经验的总结,对提高教师自身专业素质和掌握先进的教学理念非常有益。教师在浏览网络资源网页时汲取他人精华,学习先进的教学理念,同时教师又可以把自己的教学实践中好的成果充实到资源库中。这是一种互动性的学习。在资源的共享中,资源得到不断的更新与整合,从而更好地服务于物理教学。

　　其次,教师利用农远工程多媒体设备把可视化的教学情境展示给学生,学

生利用多媒体创设的情境进行协作学习并向教师反馈学习信息,实现师生之间、学生之间的互动,从而有效地完成教学任务。如:在《声音的特性》一节中,利用"会声会影"软件把下载的蜜蜂飞行视频进行适当编辑,或利用Flash制作蜜蜂飞行时翅膀振动发声的动画。学生被可爱的小蜜蜂吸引的同时,也增强了对"声音是由物体振动而产生"的理解。

二、网络资源为提高学生学习效果锦上添花

首先,课堂教学中,我们常常会遇到一些比较抽象的问题,教师单纯用常规的教学手段难以向学生阐述清楚,采用农远工程教育资源提供的CAI动态图像演示,利用其丰富的媒体不仅能把抽象的知识直观地显示出来,而且其动态的效果也能增加知识的趣味性,吸引学生的有意注意,有助于学生理解概念的本质属性,促进学生知识的建构。

其次,积极发挥农远远程教育资源优势,提高学生学习兴趣,扩大学生视野,增加学习过程的交互,强化学习评价与反馈,促进学生认知水平的提高和基本技能的培养。如:我们可以将现有条件无法做成的实验通过多媒体展示,化微观为直观,化抽象为具体,提高教学效果。传统课堂教学往往受到教学手段的限制,学生对物理概念的理解常常是表层化、抽象化的,学生对公式、定律的掌握很多情况下是死记硬背的,靠题海战术强化训练。利用农远远程教育资源辅助教学,这种情况就可大为改观。教师利用资源制作课件,把生动形象的画面配以美妙和谐的音乐,化抽象的语言为形象的图像或动画,以直观的形象触发学生的联想与想象,这样可以很好地展示美丽的物理世界,而且学生乐学、好学,学习的效率也会提高。

第二节　网络资源为物理多媒体教学插上翅膀

一、网络资源为物理课外教学插上翅膀

首先,农远工程的实施为农村中学提供了服务器、路由器、交换机等网络设备。学校利用这些设备架设校园局域网,并接入广域网,建立了校园网站,实现了网络通信,从而使网络资源能应用于物理课外教学。教师可以把从网络资源库中下载的资源和本校在教育教学中收获的优秀或有特色的学习资料放置在校园网页中,也可以结合物理学科教学特点有选择地在个人网页中放置学习资料,供学生上网时浏览、查询、下载,进行自主学习。学生可以利用电子邮件与教师、学校进行交流,使师生之间有了良好的沟通桥梁。这样物理教学将更具有亲和力,学校也将成为学生快乐学习的天堂。

其次,农远工程为我们农村中学提供了30台学生电脑,安装了教学软件,建立了电子教室,我们可充分利用设备和资源实施教学活动。在物理教学中,学生可以通过人机对话,自主进行学习、复习、模拟实验等,改变单一的教学方式,建立开放式课外教学,把被动学习转变为自主学习,这样教学方式多样化,学生能在快乐中学习。

第三,网络资源库提供了大量的研究性学习素材,为学生的学习和研究提供了大量的资源支持。在物理教学中,教师可以积极指导学生开展研究性学习,让学生充分利用网络资源查找所需信息,开展研究性学习活动,让学生在学会知识的同时掌握相应的物理技能,从而让学生得法于课内,得益于课外。

二、网络资源为物理课堂教学插上翅膀

首先,播放优秀课堂教学的课例。在物理教学中,农村教师往往因缺乏某些必要的教具、器材而导致教学内容上的不完整。教师可以利用IP资源下载优秀课堂教学的课例并刻录成教学光盘,进行分类保存,以便在某些内容的教

学中直接播放课例光盘。上课的形式可以采用"光盘教学—教师辅助"和"教师上课—光盘辅助"的方式进行,以弥补教学内容上的不完整。

其次,提供感性材料。传统的物理教学中,教师在台上不停地讲解、举例说明,学生也在努力地体会教师所描述的内容,但总有相当多的学生理解不了,所以物理总是学生最难学习的课程之一。原因之一就是传统的教学下,学生缺乏感性认识,头脑中没有用来同化新知识的材料——先前的知识经验。教师可以利用网络资源库中提供的大量备课素材,精心制作课件,使用信息技术在物理教学中应用的方式,通过展示形、声、色等感性材料并结合教师的讲述,促进概念在学生大脑中形成。

再次,轻松解决物理教学中的重难点。利用网络资源制作的多媒体课件,能综合处理图形、图像、声音、视频、三维动画等信息,以不同的表现形式,将一些枯燥、抽象、难以理解的概念复杂的变化过程,形态各异的运动形式,宏观或微观世界等直接地展示在学生面前,所呈现的内容真实、生动,极富表现力,很容易引起学生的兴趣和注意,从而能有效调动学生的各种感觉器官,增强学生的记忆能力与理解能力,提高教育教学质量。如安培力的方向、洛仑兹力的方向,学生缺乏空间想象力,开始学习时教师讲解很难用语言描述出其空间位置关系。上课时,先让学生想象,再借助于三维动画结合讲解,学生就很容易理解了。

三、网络资源为物理实验教学插上翅膀

首先,众所周知,物理学是一门以实验为基础的自然学科,但教学中一些实验无法在教室里演示让学生观察,如磁感应线的空间分布、α粒子散射、核裂变和核能的应用、光路等。运用农远丰富的资源,制作课件模拟物理实验,能较真实地再现学生们无法直观感受到的物理现象,实现由抽象到具体的转变,增加学生的感性认识,激发学生的认知兴趣,从而提高课堂教学的效率。

其次,应用现代教育技术可以实现动静的相互转化。在物理教学中,用几何画板制作的物理课件,可以实现传统物理课堂教学的静止图形向动态图形过渡,使学生能够从过程的变化中把握不变的物理规律。利用几何画板的交互性,可以操纵和控制物理现象的变化过程,如:在讲解力合成时,"两分力大小一定时,其合力大小随两分力的夹角增大而减小",就可以动态地显示合力

随夹角的变化关系。

综上所述,网络资源为农村学校教学提供了广阔的空间,为农村教师提供了专业发展的机会和平台。作为农村学校的教师,我们应该结合学校的实际情况,最大限度地发挥现有网络资源的优势,服务于自己的教学工作,最大限度地实现"农远"资源的共享与利用,给农村学生提供一个开放、灵活的学习环境。

附录1:信息技术在物理教学运用中学生的反应问卷调查及统计分析

　　亲爱的同学,你好! 首先感谢你协助我们进行此项教育课题研究。请你根据自己在物理教学中应用信息技术的实际学习情况,针对本问卷中的每个问题,实事求是地做出评价。本问卷仅用于课题研究,没有其他任何目的,请你据实填写。对每个题目,请选出一个最能代表你自己看法的答案,填在题后的括号中。谢谢你的合作!

　　先请你填写以下信息:

　　你所在的年级(请在下列你所对应方框中画钩)

　　八年级□　　　　　　　九年级□

　　高一年级□　　　　　　高二年级□　　　　　高三年级□

　　性别

　　女□　　　　　男□

　　1. 你认为物理课运用信息技术对课堂重点、难点知识的理解和掌握更容易( )

　　A.非常不符合　　B.不符合　　C.一般　　　　D.符合　　　　E.非常符合

	Frequency	Percent	Valid Percent	Cumulative Percent
Valid A	13	4.6	4.6	4.6
B	27	9.6	9.6	14.3
C	103	36.8	36.8	51.1
D	103	36.8	36.8	87.9
E	34	12.1	12.1	100.0
Total	280	100.0	100.0	

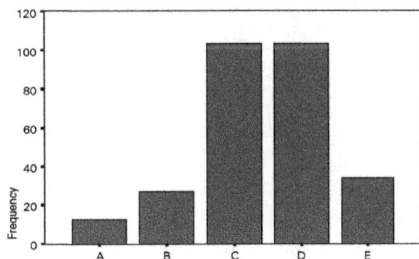

　　2. 物理教师用多媒体上课时,你听课比不用多媒体时要认真( )

　　A.非常不符合　　B.不符合　　C.一般　　　　D.符合　　　　E.非常符合

	Frequency	Percent	Valid Percent	Cumulative Percent
Valid A	13	4.6	4.6	4.6
B	41	14.6	14.6	19.3
C	98	35.0	35.0	54.3
D	93	33.2	33.2	87.5
E	35	12.5	12.5	100.0
Total	280	100.0	100.0	

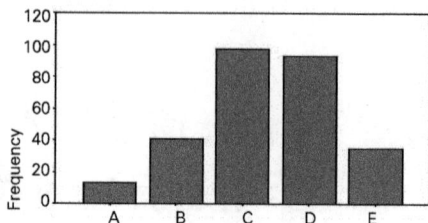

3.在物理课上,教师运用信息技术辅助教学你能学到很多的东西( )

A.非常不符合　　B.不符合　　C.一般　　　　D.符合　　E.非常符合

	Frequency	Percent	Valid Percent	Cumulative Percent
Valid A	11	3.9	3.9	3.9
B	19	6.8	6.8	10.7
C	133	47.5	47.5	58.2
D	81	28.9	28.9	87.1
E	36	12.9	12.9	100.0
Total	280	100.0	100.0	

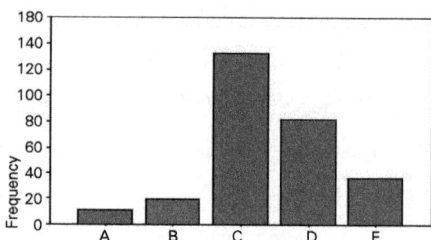

4.你认为物理课上运用信息技术,对知识的记忆和巩固来讲效果更好
( )

A.非常不符合　　B.不符合　　C.一般　　　　D.符合　　E.非常符合

	Frequency	Percent	Valid Percent	Cumulative Percent
Valid A	12	4.3	4.3	4.3
B	25	8.9	8.9	13.2
C	107	38.2	38.2	51.4
D	89	31.8	31.8	83.2
E	47	16.8	16.8	100.0
Total	280	100.0	100.0	

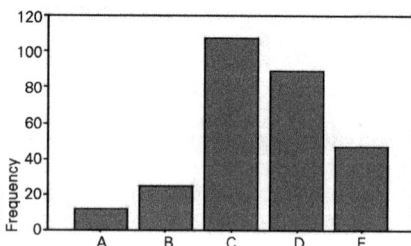

5.物理课上运用信息技术,增强了你对学习的兴趣( )

A.非常不符合　　B.不符合　　C.一般　　　　D.符合　　E.非常符合

	Frequency	Percent	Valid Percent	Cumulative Percent
Valid A	5	1.8	1.8	1.8
B	18	6.4	6.4	8.2
C	101	36.1	36.1	44.3
D	106	37.9	37.9	82.1
E	50	17.9	17.9	100.0
Total	280	100.0	100.0	

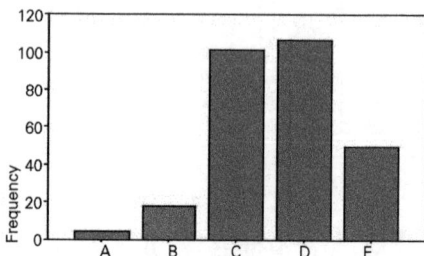

6.相对教师板书,用多媒体课件展示教学内容,能吸引学生的注意力
( )

A.非常不符合　　B.不符合　　C.一般　　　D.符合　　　E.非常符合

	Frequency	Percent	Valid Percent	Cumulative Percent
Valid A	10	3.6	3.6	3.6
B	15	5.4	5.4	8.9
C	92	32.9	32.9	41.8
D	124	44.3	44.3	86.1
E	39	13.9	13.9	100.0
Total	280	100.0	100.0	

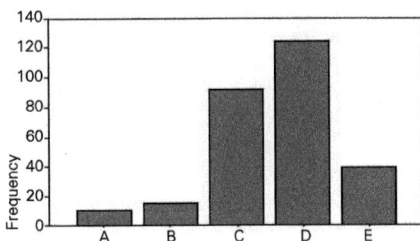

7. 物理课上运用信息技术,你有时是在看热闹,只是觉得好玩,对学习没有什么帮助(　　)

A.非常不符合　　B.不符合　　C.一般　　　D.符合　　　E.非常符合

	Frequency	Percent	Valid Percent	Cumulative Percent
Valid A	76	27.1	27.1	27.1
B	98	35.0	35.0	62.1
C	71	25.4	25.4	87.5
D	23	8.2	8.2	95.7
E	12	4.3	4.3	100.0
Total	280	100.0	100.0	

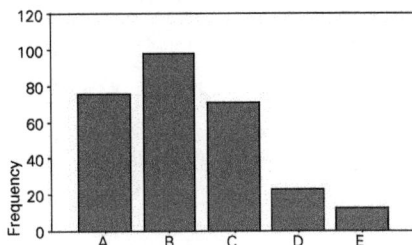

8. 物理教师用多媒体上课时,你比较喜欢视频和动画课件(　　)

A.非常不符合　　B.不符合　　C.一般　　　D.符合　　　E.非常符合

	Frequency	Percent	Valid Percent	Cumulative Percent
Valid A	6	2.1	2.1	2.1
B	10	3.6	3.6	5.7
C	67	23.9	23.9	29.6
D	100	35.7	35.7	65.4
E	97	34.6	34.6	100.0
Total	280	100.0	100.0	

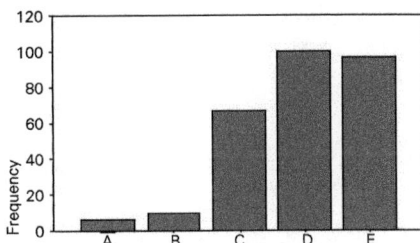

9. 你对物理教师在物理教学中运用信息技术的效果感到满意(　　)

A.非常不符合　　B.不符合　　C.一般　　　D.符合　　　E.非常符合

	Frequency	Percent	Valid Percent	Cumulative Percent
Valid A	6	2.1	2.1	2.1
B	14	5.0	5.0	7.1
C	90	32.1	32.1	39.3
D	129	46.1	46.1	85.4
E	41	14.6	14.6	100.0
Total	280	100.0	100.0	

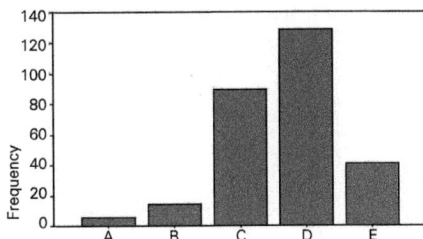

10. 切换幻灯片时,你比较喜欢有提示音(　　)

A.非常不符合　　B.不符合　　C.一般　　　D.符合　　　E.非常符合

	Frequency	Percent	Valid Percent	Cumulative Percent
Valid A	18	6.4	6.4	6.4
B	41	14.6	14.6	21.0
C	96	34.3	34.3	55.3
D	78	27.9	27.9	83.2
E	47	16.8	16.8	100.0
Total	280	100.0	100.0	

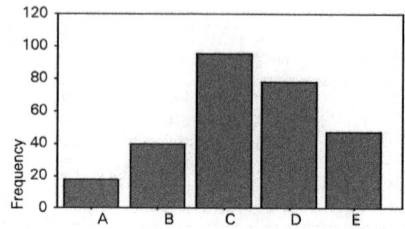

11. 你喜欢色彩丰富的多媒体课件(　　)

A.非常不符合　　B.不符合　　C.一般　　　D.符合　　　E.非常符合

	Frequency	Percent	Valid Percent	Cumulative Percent
Valid A	4	1.4	1.4	1.4
B	20	7.2	7.2	8.6
C	80	28.6	28..6	37.1
D	107	38.2	38.2	75.4
E	69	24.6	24.6	100.0
Total	280	100.0	100.0	

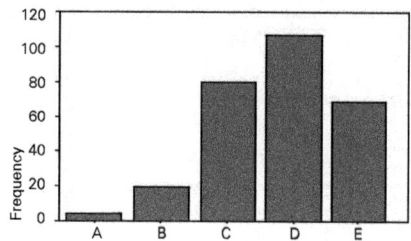

附录2：信息技术在物理教学运用中学生的反应问卷因素分析

Factor Analysis（因素分析）

Correlation Matrix（a）

a Determinant=.029

KMO and Bartlett's Test

Kaiser–Meyer–Olkin Measure of Sampling Adequacy.		.887
Bartlett's Test of Sphericity	Approx. Chi–Square	964.520
	df	55
	Sig.	.000

Communalities（共同性）

	Initial	Extraction
A3	1.000	.536
A5	1.000	.603
A6	1.000	.566
A7	1.000	.574
A8	1.000	.632
A11	1.000	.536
A12	1.000	.661
A13	1.000	.688
A15	1.000	.616
A16	1.000	.661
A17	1.000	.670

Total Variance Explained（解释总变量）

Component	Initial Eigenvalues			Extraction Sums of Squared Loadings			Rotation Sums of Squared Loadings		
	Total	% of Variance	Cumulative %	Total	% of Variance	Cumulative %	Total	% of Variance	Cumulative %
1	4.45	40.492	40.492	4.454	40.492	40.492	3.207	29.158	29.158
2	1.274	11.586	52.078	1.274	11.586	52.078	2.084	18.947	48.105
3	1.014	9.219	61.297	1.014	9.219	61.297	1.451	13.192	61.297
4	.777	7.064	68.362						
5	.617	5.611	73.973						
6	.586	5.332	79.304						
7	.564	5.127	84.431						
8	.511	4.649	89.081						
9	.483	4.388	93.469						
10	.376	3.418	96.887						
11	.342	3.113	100.000						

Extraction Method：Principal Component Analysis.

Component Matrix(a)（成分矩阵）

	Component		
	1	2	3
A13	.808	−.184	−.020
A6	.748	.067	−.051
A7	.732	−.015	−.195
A12	.724	−.107	−.354
A11	.719	−.068	.121
A3	.716	−.112	.103
A8	.598	−.013	−.524
A5	.578	.162	.492
A16	.112	.805	−.027
A17	.503	.619	.185
A15	.443	−.386	.520

Extraction Method：Principal Component Analysis.

a 3 components extracted.

Rotated Component Matrix(a)(转轴后的成分矩阵)

	Component		
	1	2	3
A12	.800	.145	.025
A8	.788	−.083	.064
A7	.701	.253	.136
A13	.679	.476	.013
A6	.618	.358	.237
A3	.524	.505	.076
A15	.093	.753	−.201
A5	.151	.673	.356
A11	.510	.511	.121
A16	.008	−.154	.798
A17	.217	.276	.739

Extraction Method:Principal Component Analysis. Rotation Method:Varimax with Kaiser Normalization.

a Rotation converged in 4 iterations.

Component Transformation Matrix(成分转换矩阵)

Component	1	2	3
1	.798	.554	.238
2	−.120	−.241	.963
3	−.591	.797	.126

Extraction Method:Principal Component Analysis. Rotation Method:Varimax with Kaiser Normalization.

Component Score Coefficient Matrix(成分得分系数矩阵)

	Component		
	1	2	3
A3	.079	.191	−.034
A5	−.199	.428	.215
A6	.157	.041	.085
A7	.246	−.059	.004
A8	.413	−.335	−.043
A11	.064	.198	.002
A12	.346	−.168	−.086
A13	.174	.120	−.098

续表

	Component		
	1	2	3
A15	−.187	.537	−.203
A16	−.040	−.160	.611
A17	−.076	.091	.518

Extraction Method：Principal Component Analysis. Rotation Method：Varimax with Kaiser Normalization. Component Scores.

Component Score Covariance Matrix(成分得分协方差矩阵)

Component	1	2	3
1	1.000	.000	.000
2	.000	1.000	.000
3	.000	.000	1.000

Extraction Method：Principal Component Analysis. Rotation Method：Varimax with Kaiser Normalization. Component Scores.

附录3：信息技术在物理教学运用中学生的反应问卷信度分析

Reliability（信度）

****** Method 2（covariance matrix）will be used for this analysis ******

–

R E L I A B I L I T Y   A N A L Y S I S – S C A L E （A L P H A）

N of Cases = 278.0

Inter–item

Correlations	Mean	Minimum	Maximum	Range	Max/Min	Variance
	.3144	–.0699	.5883	.6582	–8.4216	.0277

Item–total Statistics

	Scale Mean if Item Deleted	Scale Variance if Item Deleted	Corrected Item–Total Correlation	Squared Multiple Correlation	Alpha if Item Deleted
A3	35.8058	34.4459	.6041	.4228	.8020
A5	35.4245	35.3860	.4783	.3011	.8127
A6	35.7626	34.1600	.6388	.4693	.7990
A7	36.0000	34.1083	.6214	.4432	.8001
A8	36.0540	34.8960	.4774	.3072	.8129
A11	35.7410	34.8208	.6121	.4150	.8022
A12	35.9784	33.9057	.6027	.4611	.8012
A13	35.9209	32.6147	.7022	.5663	.7911
A15	35.6871	36.2736	.3250	.2115	.8283
A16	36.0647	39.1582	.0915	.1170	.8512
A17	35.6259	35.7440	.4459	.2999	.8155

Reliability Coefficients 11 items

Alpha = .8255 Standardized item alpha = .8346

附录4：信息技术在物理教学运用中的效果问卷调查及统计分析

亲爱的同学,你好！首先感谢你协助我们进行此项教育课题研究。请你根据自己在物理教学中应用信息技术的实际学习情况,针对本问卷中的每个问题,实事求是地做出选择。本问卷仅用于课题研究,没有其他任何目的,请你据实填写。对每个题目,请选出一个最能代表你自己看法的答案,填在题后的括号中。谢谢你的合作！

先请你填写以下信息：

你所在的年级：(请在下列你所对应方框中画钩)

八年级□　　　　　　　九年级□

高一年级□　　　　高二年级□　　　　高三年级□

性别

女□　　　　　男□

1.用多媒体上课时,你就能掌握该节课的重点(　　　)

A.非常不符合　　B.不符合　　C.一般　　　D.符合　　　E.非常符合

	Frequency	Percent	Valid Percent	Cumulative Percent
Valid A	13	4.6	4.6	4.6
B	30	10.7	10.7	15.4
C	137	48.9	48.9	64.3
D	75	26.8	26.8	91.1
E	25	8.9	8.9	100.0
Total	280	100.0	100.0	

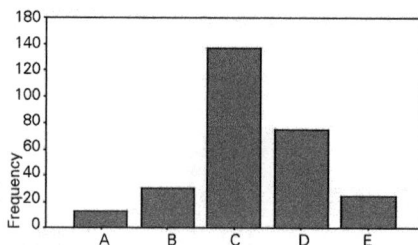

2.用多媒体上课时,你就能掌握该节课的知识点(　　　)

A.非常不符合　　B.不符合　　C.一般　　　D.符合　　　E.非常符合

	Frequency	Percent	Valid Percent	Cumulative Percent
Valid A	14	5.0	5.0	5.0
B	24	8.6	8.6	13.6
C	118	42.1	42.1	55.7
D	97	34.6	34.6	90.4
E	27	9.6	9.6	100.0
Total	280	100.0	100.0	

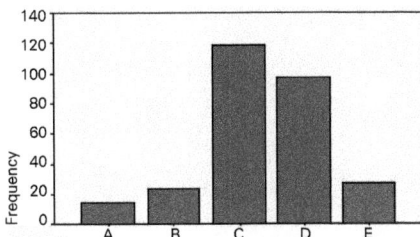

3.用多媒体上课时,你上课时注意力比较集中,不会做与上课无关的事（   ）

A.非常不符合　　B.不符合　　C.一般　　　D.符合　　　E.非常符合

	Frequency	Percent	Valid Percent	Cumulative Percent
Valid A	16	5.7	5.7	5.7
B	20	7.1	7.1	12.9
C	100	35.7	35.7	48.6
D	105	37.5	37.5	86.1
E	39	13.9	13.9	100.0
Total	280	100.0	100.0	

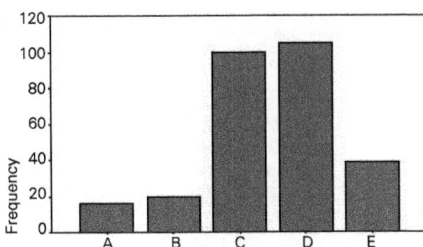

4. 用多媒体上课时,你的思维能够跟着教师的讲课和呈现的课件走（   ）

A.非常不符合　　B.不符合　　C.一般　　　D.符合　　　E.非常符合

	Frequency	Percent	Valid Percent	Cumulative Percent
Valid A	9	3.2	3.2	3.2
B	13	4.6	4.6	7.9
C	109	38.9	38.9	46.8
D	108	38.6	38.6	85.4
E	41	14.6	14.6	100.0
Total	280	100.0	100.0	

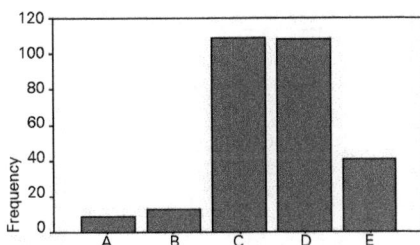

5.用多媒体上课时,你能积极回答教师的提问和参与课堂讨论（   ）

A.非常不符合　　B.不符合　　C.一般　　　D.符合　　　E.非常符合

	Frequency	Percent	Valid Percent	Cumulative Percent
Valid A	15	5.4	5.4	5.4
B	34	12.1	12.1	17.5
C	127	45.4	45.4	62.9
D	73	26.1	26.1	88.9
E	31	11.1	11.1	100.0
Total	280	100.0	100.0	

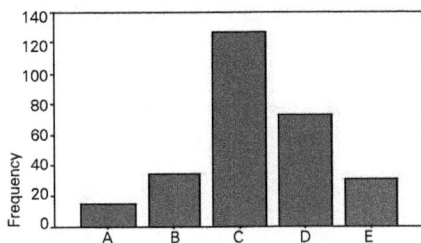

6.由于在物理教学中运用信息技术,你对物理课程的兴趣提高了（   ）

A.非常不符合　　　B.不符合　　　C.一般　　　　D.符合　　　　E.非常符合

	Frequency	Percent	Valid Percent	Cumulative Percent
Valid A	14	5.0	5.0	5.0
B	17	6.1	6.1	11.1
C	110	39.3	39.3	50.4
D	107	38.2	38.2	88.6
E	32	11.4	11.4	100.0
Total	280	100.0	100.0	

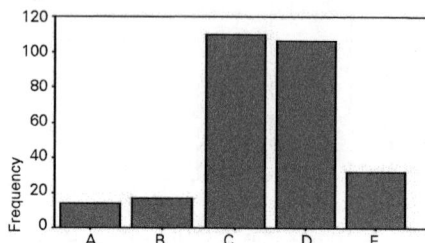

7.物理教师能够利用多媒体课件,启发你对课本知识做深入思考(　　)

A.非常不符合　　　B.不符合　　　C.一般　　　　D.符合　　　　E.非常符合

	Frequency	Percent	Valid Percent	Cumulative Percent
Valid A	14	5.0	5.0	5.0
B	29	10.4	10.4	15.4
C	112	40.4	40.0	55.4
D	88	31.4	31.4	86.8
E	37	13.2	13.2	100.0
Total	280	100.0	100.0	

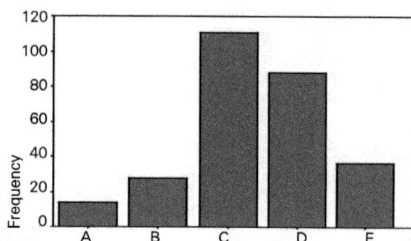

8.物理教师使用的课件能很好地将文本、图片、动画、言语解说、视频等多媒体技术组合起来,上课的内容很容易听懂(　　)

A.非常不符合　　　B.不符合　　　C.一般　　　　D.符合　　　　E.非常符合

	Frequency	Percent	Valid Percent	Cumulative Percent
Valid A	11	3.9	3.9	3.9
B	13	4.6	4.6	8.5
C	78	27.9	27.9	36.4
D	128	45.7	45.7	82.1
E	50	17.9	17.9	100.0
Total	280	100.0	100.0	

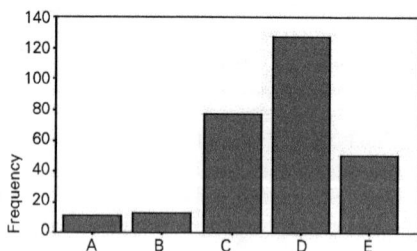

9.物理教师使用的多媒体课件对所授课程内容提供了许多形象直观的素材或案例,能帮助你们很好地理解知识(　　)

A.非常不符合　　　B.不符合　　　C.一般　　　　D.符合　　　　E.非常符合

	Frequency	Percent	Valid Percent	Cumulative Percent
Valid A	9	3.2	3.2	3.2
B	8	2.9	2.9	6.4
C	85	30.4	30.4	36.4
D	127	45.4	45.4	81.8
E	51	18.2	18.2	100.0
Total	280	100.0	100.0	

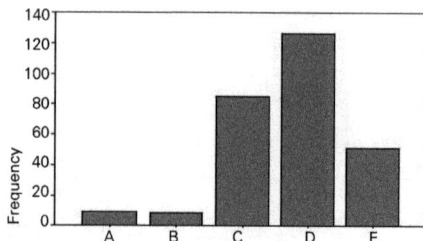

10.你比较喜欢物理教师用多媒体课件上课(　　)

A.非常不符合　　B.不符合　　C.一般　　　　D.符合　　　E.非常符合

	Frequency	Percent	Valid Percent	Cumulative Percent
Valid A	12	4.3	4.3	4.3
B	11	3.9	3.9	8.2
C	89	31.8	31.8	40.4
D	89	31.8	31.8	71.8
E	79	28.2	28.2	100.0
Total	280	100.0	100.0	

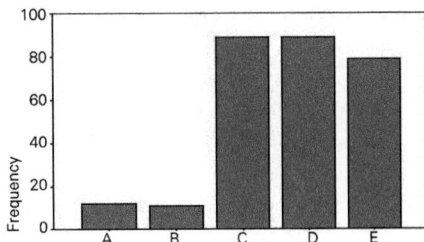

11.你觉得多媒体课件做得仿真实验结论不可信(　　)

A.非常不符合　　　B.不符合　　C.一般　　　　D.符合　　E.非常符合

	Frequency	Percent	Valid Percent	Cumulative Percent
Valid A	31	11.1	11.1	11.1
B	75	26.8	26.8	37.9
C	91	32.5	32.5	70.4
D	54	19.3	19.3	89.6
E	29	10.4	10.4	100.0
Total	280	100.0	100.0	

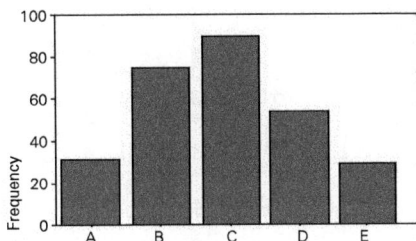

12.你觉得多媒体课件动画演示的实验与真实的实验没有什么多大区别,它完全可以代替真实实验(　　)

A.非常不符合　　　B.不符合　　C.一般　　　　D.符合　　　E.非常符合

	Frequency	Percent	Valid Percent	Cumulative Percent
Valid A	30	10.7	10.7	10.7
B	59	21.1	21.1	31.8
C	105	37.5	37.5	69.3
D	60	21.4	21.4	90.7
E	26	9.3	9.3	100.0
Total	280	100.0	100.0	

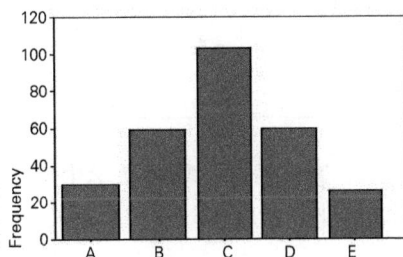

13.对于实验,你喜欢物理教师真正地做实验,而不是用多媒体课件动画模拟或看视频(　　)

A.非常不符合　　　B.不符合　　C.一般　　　　D.符合　　　E.非常符合

	Frequency	Percent	Valid Percent	Cumulative Percent
Valid A	19	6.8	6.8	6.8
B	17	6.1	6.4	12.9
C	108	38.6	38.6	51.4
D	76	27.1	27.1	78.6
E	60	21.4	21.4	100.0
Total	280	100.0	100.0	

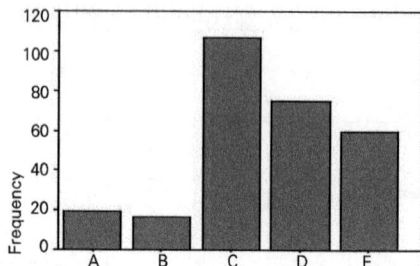

14.信息技术在物理教学中运用有助于激发你的想象力( )

A.非常不符合　　B.不符合　　　C.一般　　　　D.符合　　　E.非常符合

	Frequency	Percent	Valid Percent	Cumulative Percent
Valid A	9	3.2	3.2	3.2
B	26	9.3	9.3	12.5
C	104	37.1	37.1	49.6
D	100	35.7	35.7	85.4
E	41	14.6	14.6	100.0
Total	280	100.0	100.0	

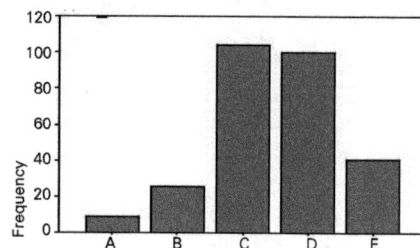

15.物理教师在物理教学中运用信息技术,讲课速度较快( )

A.非常不符合　　B.不符合　　　C.一般　　　　D.符合　　　E.非常符合

	Frequency	Percent	Valid Percent	Cumulative Percent
Valid A	10	3.6	3.6	3.6
B	22	7.9	7.9	11.5
C	129	46.0	46.0	57.5
D	85	30.4	30.4	87.9
E	34	12.1	12.1	100.0
Total	280	100.0	100.0	

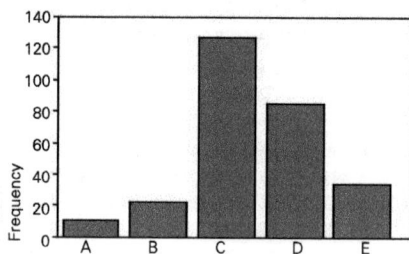

16.物理教师在物理教学中运用信息技术,内容较多,知识量较大( )

A.非常不符合　　B.不符合　　　C.一般　　　　D.符合　　　E.非常符合

	Frequency	Percent	Valid Percent	Cumulative Percent
Valid A	13	4.6	4.6	4.6
B	33	11.8	11.8	16.4
C	124	44.3	44.3	60.7
D	74	26.4	26.4	87.1
E	36	12.9	12.9	100.0
Total	280	100.0	100.0	

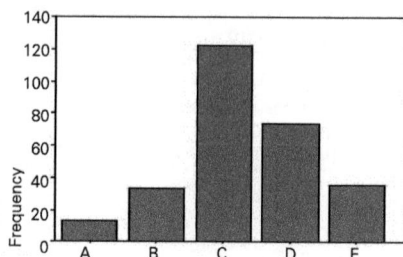

附录5:信息技术在物理教学运用中的效果问卷因素分析

Factor Analysis(因素分析)

Correlation Matrix(a)

a Determinant = .002

KMO and Bartlett's Test

Kaiser–Meyer–Olkin Measure of Sampling Adequacy.		.883
Bartlett's Test of Sphericity	Approx. Chi–Square	1604.033
	df	120
	Sig.	.000

Communalities(共同性)

	Initial	Extraction
A1	1.000	.623
A2	1.000	.809
A3	1.000	.781
A4	1.000	.549
A5	1.000	.568
A8	1.000	.569
A9	1.000	.547
A10	1.000	.629
A11	1.000	.590
A12	1.000	.614
A13	1.000	.621
A14	1.000	.577
A19	1.000	.572
A20	1.000	.637
A22	1.000	.584
A24	1.000	.518

Total Variance Explained（解释总变量）

Component	Initial Eigenvalues			Extraction Sums of Squared Loadings			Rotation Sums of Squared Loadings		
	Total	% of Variance	Cumulative %	Total	% of Variance	Cumulative %	Total	% of Variance	Cumulative %
1	5.847	36.543	36.543	5.847	36.543	36.543	3.851	24.069	24.069
2	1.476	9.223	45.766	1.476	9.223	45.766	2.324	14.523	38.592
3	1.351	8.445	54.211	1.351	8.445	54.211	1.884	11.773	50.365
4	1.113	6.957	61.168	1.113	6.957	61.168	1.728	10.803	61.168
5	.840	5.252	66.420						
6	.789	4.933	71.353						
7	.659	4.119	75.472						
8	.619	3.869	79.341						
9	.557	3.481	82.822						
10	.494	3.090	85.912						
11	.475	2.971	88.883						
12	.456	2.852	91.735						
13	.405	2.532	94.268						
14	.357	2.229	96.497						
15	.335	2.096	98.593						
16	.225	1.407	100.000						

Extraction Method: Principal Component Analysis.

Component Matrix(a)（成分矩阵）

	Component			
	1	2	3	4
A10	.746	−.200	−.100	.148
A12	.735	−.118	−.181	.166
A11	.711	−.111	−.253	.088
A14	.695	.205	−.219	−.067
A8	.692	−.127	−.273	−.005
A2	.677	−.180	.417	−.380
A3	.666	−.123	.482	−.299
A13	.664	−.288	−.199	.240
A24	.634	.251	−.159	−.164
A9	.628	−.293	−.226	.127
A1	.618	−.080	.268	−.403

续表

	Component			
	1	2	3	4
A5	.463	.063	.455	.376
A4	.445	.445	.301	.249
A20	.295	.721	−.173	−.007
A22	.358	.509	−.259	−.362
A19	.366	.292	.363	.470

Extraction Method：Principal Component Analysis.

a 4 components extracted.

Rotated Component Matrix(a)（转轴后的成分矩阵）

	Component			
	1	2	3	4
A13	.765	.117	−.029	.145
A12	.724	.173	.151	.194
A9	.722	.155	.003	.042
A10	.721	.253	.065	.202
A11	.716	.167	.200	.098
A8	.692	.207	.218	.013
A14	.523	.211	.491	.132
A2	.275	.843	.055	.139
A3	.237	.813	.049	.247
A1	.256	.723	.177	.058
A20	.020	−.098	.746	.267
A22	.093	.147	.741	−.075
A24	.406	.268	.521	.101
A19	.118	.035	.074	.743
A5	.210	.239	−.081	.678
A4	.086	.144	.319	.647

Extraction Method：Principal Component Analysis.

Rotation Method：Varimax with Kaiser Normalization.

a Rotation converged in 6 iterations.

Component Transformation Matrix(成分转换矩阵)

Component	1	2	3	4
1	.746	.486	.326	.320
2	−.387	−.203	.814	.383
3	−.469	.577	−.348	.571
4	.273	−.625	−.333	.652

Extraction Method: Principal Component Analysis.

Rotation Method: Varimax with Kaiser Normalization.

Component Score Coefficient Matrix(成分得分系数矩阵)

	Component			
	1	2	3	4
A1	−.092	.403	.042	−.109
A2	−.104	.472	−.055	−.055
A3	−.123	.446	−.065	.034
A4	−.104	−.035	.118	.413
A5	−.023	.013	−.169	.455
A8	.215	−.039	.040	−.114
A9	.266	−.075	−.106	−.063
A10	.219	−.036	−.087	.033
A11	.229	−.083	.017	−.045
A12	.228	−.093	−.027	.030
A13	.288	−.124	−.142	.018
A14	.094	−.026	.228	−.040
A19	−.041	−.118	−.053	.524
A20	−.094	−.144	.461	.126
A22	−.086	.052	.475	−.170
A24	.030	.042	.264	−.064

Extraction Method: Principal Component Analysis. Rotation Method: Varimax with Kaiser Normalization. Component Scores.

Component Score Covariance Matrix(成分得分协方差矩阵)

Component	1	2	3	4
1	1.000	1.007E–16	.000	.000
2	1.007E–16	1.000	.000	–1.075E–16
3	.000	.000	1.000	–1.293E–16
4	.000	–1.075E–16	–1.293E–16	1.000

Extraction Method: Principal Component Analysis. Rotation Method: Varimax with Kaiser Normalization. Component Scores.

附录6:信息技术在物理教学运用中的效果 问卷信度分析

Reliability(信度)

****** Method 2（covariance matrix）will be used for this analysis ******

—

R E L I A B I L I T Y   A N A L Y S I S   –   S C A L E   （A L P H A）

Correlation Matrix

	A1	A2	A3	A4	A5
A1	1.0000				
A2	.5705	1.0000			
A3	.5138	.7399	1.0000		
A4	.1618	.2753	.2970	1.0000	
A5	.2585	.2869	.3361	.3723	1.0000
A8	.3560	.3862	.3099	.3008	.2155
A9	2883	.3664	.3026	.1668	.1541
A10	.3446	.4204	.4795	.2334	.2776
A11	.3869	.3549	.3349	.1908	.2773
A12	.3536	.4072	.3588	.2193	.3224
A13	.3079	.3332	.3373	.1590	.2808
A19	.1961	.1805	.2298	.2741	.3084
A20	.1201	.0589	.0890	.3052	.0248
A22	.2097	.1646	.1334	.1818	.1112
A24	.3438	.3387	.3603	.2479	.1931
A14	.3632	.3437	.3568	.2864	.2089
	A8	A9	A10	A11	A12
A8	1.0000				

A9	.5245	1.0000			
A10	.4727	.5466	1.0000		
A11	.4611	.4206	.5640	1.0000	
A12	.5106	.4495	.5501	.5448	1.0000
A13	.4640	.4310	.4928	.5603	.5651
A19	.0735	.1806	.2412	.1603	.2250
A20	.1152	.0518	.1434	.1912	.1804
A22	.2269	.1119	.1180	.2542	.2301
A24	.3976	.3151	.4110	.3826	.3866
A14	.4946	.3745	.4770	.4424	.4451
	A13	A19	A20	A22	A24
A13	1.0000				
A19	.1768	1.0000			
A20	.0637	.2187	1.0000		
A22	.1004	.0440	.3133	1.0000	
A24	.3365	.2070	.2909	.3215	1.0000
A14	.3909	.2308	.2932	.3256	.5149

—

RELIABILITY ANALYSIS – SCALE (ALPHA)

Correlation Matrix

A14

A14　1.0000

N of Cases =271.0

Item–total Statistics

	Scale Mean if Item Deleted	Scale Variance if Item Deleted	Corrected Item–Total Correlation	Squared Multiple Correlation	Alpha if Item Deleted
A1	50.8229	75.5463	.5347	.4077	.8619
A2	50.8782	75.6333	.5857	.6239	.8597
A3	50.8487	76.2178	.5818	.6141	.8601

A4	51.1771	78.6278	.4130	.3079	.8671
A5	51.2768	78.2453	.3995	.2914	.8679
A8	51.1255	75.4953	.5968	.4886	.8593
A9	51.1107	76.0470	.5191	.4220	.8626
A10	51.0000	75.3407	.6529	.5472	.8573
A11	51.2989	74.7066	.6248	.4951	.8579
A12	51.2103	74.8778	.6522	.5059	.8570
A13	51.3358	76.3424	.5581	.4593	.8610
A19	51.0664	78.7659	.3249	.2127	.8721
A20	51.6605	79.4547	.2738	.2608	.8751
A22	51.5978	78.8265	.3169	.2254	.8727
A24	51.0849	75.9817	.5733	.3746	.8603
A14	51.1956	74.4246	.6321	.4534	.8574

Reliability Coefficients 16 items

Alpha = .8707   Standardized item alpha =.8757

附录7:中学生物理学习兴趣量表

亲爱的同学,你好! 我们正在从事一项省级课题的研究,其目的是为了更好地了解在信息技术环境下物理有效教学和学生物理学习的情况。本问卷采用不记名方式进行调查,你的回答将被严格保密,只作我们研究之用。因此,为了保证此次调查结果的真实性,恳请你根据自己的实际情况,不要有任何顾虑,实事求是地从以下五个选项中选出你认为最为合适的一项,填入题后的括号中。谢谢你的合作。

性别:(在方框中画钩)

男□　女□

年级:(在方框中画钩)

八年级□　　　　九年级□　　　　高一年级□

高二年级□　　　高三年级□

1.你遇到涉及物理知识的问题很自信(　　　)

　　A.非常不符合　B.不符合　　　C.一般　　　　D.符合　　　　E.非常符合

2.你上物理课时,注意力比较集中(　　　)

　　A.非常不符合　B.不符合　　　C.一般　　　　D.符合　　　　E.非常符合

3.你会自行阅读课本上教师不讲或讲得很少的内容(　　　)

　　A.非常不符合　B.不符合　　　C.一般　　　　D.符合　　　　E.非常符合

4.教师讲出一个物理实例时,你常能想出类似的例子(　　　)

　　A.非常不符合　B.不符合　　　C.一般　　　　D.符合　　　　E.非常符合

5.物理课上你常常昏昏沉沉、无精打采(　　　)

　　A.非常不符合　B.不符合　　　C.一般　　　　D.符合　　　　E.非常符合

6.学习数学时,你常思考数学知识在物理学中的应用(　　　)

　　A.非常不符合　B.不符合　　　C.一般　　　　D.符合　　　　E.非常符合

7.你很愿意攻克较难的物理问题(　　　)

A.非常不符合　B.不符合　　C.一般　　　　D.符合　　　　E.非常符合

8.在做物理实验时,当实验失败或误差太大时,你会多方面查找原因,必要时会重新做一遍(　　)

A.非常不符合　B.不符合　　C.一般　　　　D.符合　　　　E.非常符合

9.你希望教师把演示实验变成学生实验,由学生自己操作仪器得出结论(　　)

A.非常不符合　B.不符合　　C.一般　　　　D.符合　　　　E.非常符合

10.你对教过你的物理教师都没有任何意见(　　)

A.非常不符合　B.不符合　　C.一般　　　　D.符合　　　　E.非常符合

11.你常觉得学习物理是一种负担(　　)

A.非常不符合　B.不符合　　C.一般　　　　D.符合　　　　E.非常符合

12.所有物理习题,你都能在较短的时间内求解出正确答案(　　)

A.非常不符合　B.不符合　　C.一般　　　　D.符合　　　　E.非常符合

13.一做物理作业,你就想打哈欠(　　)

A.非常不符合　B.不符合　　C.一般　　　　D.符合　　　　E.非常符合

14.你经常对学过的物理知识进行梳理,使知识系统化(　　)

A.非常不符合　B.不符合　　C.一般　　　　D.符合　　　　E.非常符合

15.你经常用学到的物理知识解释生活中的一些现象(　　)

A.非常不符合　B.不符合　　C.一般　　　　D.符合　　　　E.非常符合

16.你经常和别人讨论有关物理的问题(　　)

A.非常不符合　B.不符合　　C.一般　　　　D.符合　　　　E.非常符合

17.你喜欢了解历史上物理学家的故事(　　)

A.非常不符合　B.不符合　　C.一般　　　　D.符合　　　　E.非常符合

18.你对物理课本上的每一节内容都很感兴趣(　　)

A.非常不符合　B.不符合　　C.一般　　　　D.符合　　　　E.非常符合

附录8:中学生物理学习兴趣量表因素分析

Factor Analysis（因素分析）

Correlation Matrix（a）

a Determinant = .004

KMO and Bartlett's Test

Kaiser–Meyer–Olkin Measure of Sampling Adequacy.		.811
Bartlett's Test of Sphericity	Approx. Chi–Square	863.977
	df	153
	Sig.	.000

Communalities（共同性）

	Initial	Extraction
A1	1.000	.652
A2	1.000	.641
A3	1.000	.551
A4	1.000	.706
A5	1.000	.595
A6	1.000	.705
A7	1.000	.701
A9	1.000	.575
A11	1.000	.656
A13	1.000	.591
A17	1.000	.705
A21	1.000	.609
A23	1.000	.694
A24	1.000	.676
A28	1.000	.604
A29	1.000	.702
A14	1.000	.688
A19	1.000	.537

Total Variance Explained(解释总变量)

Component	Initial Eigenvalues			Extraction Sums of Squared Loadings			Rotation Sums of Squared Loadings		
	Total	% of Variance	Cumulative %	Total	% of Variance	Cumulative %	Total	% of Variance	Cumulative %
1	5.464	30.353	30.353	5.464	30.353	30.353	2.308	12.824	12.824
2	1.549	8.606	38.960	1.549	8.606	38.960	2.019	11.215	24.039
3	1.277	7.094	46.054	1.277	7.094	46.054	1.987	11.038	35.077
4	1.191	6.615	52.669	1.191	6.615	52.669	1.795	9.973	45.050
5	1.073	5.959	58.628	1.073	5.959	58.628	1.750	9.723	54.773
6	1.035	5.753	64.380	1.035	5.753	64.380	1.729	9.607	64.380
7	.830	4.609	68.990						
8	.759	4.215	73.204						
9	.702	3.903	77.107						
10	.681	3.781	80.888						
11	.589	3.272	84.160						
12	.563	3.126	87.286						
13	.493	2.737	90.023						
14	.467	2.592	92.614						
15	.420	2.332	94.946						
16	.373	2.072	97.018						
17	.283	1.571	98.589						
18	.254	1.411	100.000						

Extraction Method: Principal Component Analysis.

Component Matrix(a)(成分矩阵)

	Component					
	1	2	3	4	5	6
A28	.678	−.029	−.075	−.316	−.153	.120
A29	.656	.056	.024	−.440	.103	.251
A19	.655	.081	−.194	−.064	−.211	.121
A5	.652	−.278	−.295	−.069	.019	−.016
A13	.623	−.264	.323	−.008	.077	−.150
A4	.603	−.369	−.175	.034	.311	−.278
A2	.595	−.189	.063	.107	.101	−.475
A7	.579	−.047	−.264	.111	−.328	−.418
A9	.531	−.208	.454	.170	−.121	−.032
A1	.523	−.377	.036	.198	.188	.400

续表

	Component					
	1	2	3	4	5	6
A3	.478	.030	.068	.417	.295	.239
A23	.450	.617	−.077	.087	−.140	−.279
A24	.508	.611	.195	.073	.031	−.014
A11	.462	.471	−.148	.137	.419	.064
A21	.435	.172	.611	.115	−.036	.049
A6	.497	.088	−.518	.304	−.106	.281
A17	.370	.114	.029	−.693	.268	−.040
A14	.495	−.072	.134	−.061	−.597	.245

Extraction Method: Principal Component Analysis.

a 6 components extracted.

Rotated Component Matrix(a)(转轴后的成分矩阵)

	Component					
	1	2	3	4	5	6
A4	.743	.016	−.017	.052	.225	.317
A2	.723	.037	.166	.284	.073	.059
A7	.634	.466	.262	.019	−.075	−.086
A5	.526	.381	−.010	−.025	.277	.309
A14	−.003	.739	−.007	.369	.074	.005
A19	.229	.558	.259	.064	.242	.209
A28	.242	.512	.118	.150	.482	.125
A23	.174	.219	.775	.058	.028	−.109
A24	−.019	.117	.726	.306	.172	.102
A11	.102	−.086	.632	−.048	.227	.430
A21	−.017	.057	.277	.716	.087	.097
A9	.277	.201	.004	.658	.008	.157
A13	.469	.105	$-8.795E-05$	.528	.232	.166
A17	.129	−.020	.124	.020	.814	−.096
A29	.104	.316	.147	.178	.696	.232
A1	.186	.210	−.186	.260	.137	.672
A3	.134	.014	.241	.250	−.033	.641
A6	.161	.517	.274	−.250	−.075	.518

Extraction Method: Principal Component Analysis. Rotation Method: Varimax with Kaiser Normalization.

a Rotation converged in 9 iterations.

Component Transformation Matrix(成分转换矩阵)

Component	1	2	3	4	5	6
1	.514	.461	.349	.353	.367	.378
2	−.418	−.048	.887	−.094	.054	−.159
3	−.232	−.279	−.061	.913	.032	−.171
4	.102	−.066	.193	.135	−.847	.461
5	.136	−.783	.075	−.121	.338	.484
6	−.692	.301	−.212	.008	.171	.597

Extraction Method：Principal Component Analysis. Rotation Method：Varimax with Kaiser Normalization.

Component Score Coefficient Matrix(成分得分系数矩阵)

	Component					
	1	2	3	4	5	6
A1	−.083	.016	−.221	.086	.007	.462
A2	.435	−.175	.049	.092	−.088	−.135
A3	−.062	−.144	.084	.094	−.129	.453
A4	.416	−.209	−.081	−.097	.051	.096
A5	.197	.114	−.110	−.162	.079	.086
A6	−.058	.295	.091	−.295	−.180	.326
A7	.362	.220	.104	−.102	−.221	−.266
A9	.044	.021	−.081	.404	−.124	−.010
A11	−.035	−.238	.344	−.135	.089	.283
A13	.181	−.109	−.092	.276	.046	−.028
A17	.000	−.148	.002	−.071	.601	−.160
A21	−.144	−.068	.103	.472	−.035	−.013
A23	.066	.052	.447	−.039	−.102	−.212
A24	−.133	−.049	.390	.140	.016	−.019
A28	−.041	.239	−.056	−.026	.239	−.063
A29	−.150	.070	−.043	−.004	.434	.057
A14	−.203	.525	−.118	.194	−.070	−.128
A19	−.038	.288	.048	−.084	.041	.013

Extraction Method：Principal Component Analysis. Rotation Method：Varimax with Kaiser Normalization.

Component Score Covariance Matrix(成分得分协方差矩阵)

Component	1	2	3	4	5	6
1	1.000	.000	.000	.000	.000	.000
2	.000	1.000	.000	1.071E−16	.000	.000
3	.000	.000	1.000	.000	.000	−1.252E−16
4	.000	1.071E−16	.000	1.000	.000	.000
5	.000	.000	.000	.000	1.000	.000
6	.000	.000	−1.252E−16	.000	.000	1.000

Extraction Method: Principal Component Analysis. Rotation Method: Varimax with Kaiser Normalization.

附录9:中学生物理学习兴趣量表信度分析

RELIABILITY ANALYSIS – SCALE (ALPHA)(兴趣量表信度分析)

N of Cases = 162.0

Inter–item

Correlations	Mean	Minimum	Maximum	Range	Max/Min	Variance
	.2558	.0014	.5376	.5362	380.7079	.0108

Item–total Statistics

	Scale Mean if Item Deleted	Scale Variance if Item Deleted	Corrected Item–Total Correlation	Squared Multiple Correlation	Alpha if Item Deleted	
A1	48.1420	67.8244	.4366	.3424	.8519	
A2	47.7160	66.7636	.5113	.3899	.8490	
A3	47.7901	66.5520	.4122	.2846	.8528	
A4	48.1790	66.3715	.5021	.4954	.8491	
A5	48.2593	65.1746	.5498	.5027	.8468	
A6	48.1173	66.5017	.4167	.3778	.8526	
A7	48.0864	67.0981	.4898	.3701	.8499	
A9	47.5617	64.5210	.4423	.3415	.8523	
A11	47.8086	65.9073	.4031	.3687	.8537	
A13	47.9136	65.3962	.5361	.4450	.8474	
A14	48.5432	67.4422	.4098	.3474	8527	
A17	48.4444	68.4224	.2974	.2954	.8576	
A19	48.2963	64.5452	.5774	.3915	.8455	

A21	47.7654	67.0130	.3851	.2871	.8540
A23	47.7840	66.7667	.3994	.3462	.8534
A24	47.8395	65.1169	.4585	.4373	.8510
A28	48.3765	64.4350	.5936	.4608	.8448
A29	48.3827	64.2377	.5862	.5336	.8450

Reliability Coefficients 18 items

Alpha = .8577   Standardized item alpha = .8609

主要参考文献

[1]程红,张天宝.论教学的有效性[J].上海教育科研,1999(5):13-14.

[2]陈厚德.有效教学[M].北京:教育科学出版社,2000.

[3]陈厚德.基础教育新概念有效教学[M].北京:教育科学出版社,2000.

[4]崔允漷.有效教学:理念与策略(下)[J].人民教育,2001(7):42-43.

[5]崔允漷,沈毅,吴江林.课堂观察Ⅱ:走向专业的听评课[M].上海:华东师范大学出版社,2013.

[6]E.詹森.基于脑的学习:教学与训练的新科学[M].梁平,译.上海:华东师范大学出版社,2008.

[7]范蔚,叶波.20世纪90年代以来"有效教学"研究述评[J].重庆大学学报(社会科学版),2010,16(4):133-137.

[8]高文慧.实现有效教学几法[J].北京教育,2000(1):32-33.

[9]郭蕊.信息技术提高教学有效性的研究[D].福州:福建师范大学,2008.

[10]高慎英,刘良华.有效教学论[M].广州:广东教育出版社,2004.

[11]胡捷利,杨扬.关于有效教学策略思想的综述[J].教育研究与实验,1992(1):41-46.

[12]霍益萍.研究性学习:实验与探索[M].南宁:广西教育出版社,2001.

[13]罗伯特·斯莱文.教育心理学理论与实践:第7版[M].姚梅林,等译.北京:人民邮电出版社,2004.

[14]姚利民.国外有效教学研究述评[J].外国中小学教育,2005(8):23-27.

[15]李红亚."新课改"理念下的有效教学探微[J].中国农业教育,2006(6):1-3.

[16]施良方,崔允漷.教学理论:课堂教学的原理、策略与研究[M].上海:华东师范大学出版社,2009.

［17］宋秋前.有效教学的理念与实施策略［M］.杭州：浙江大学出版社,2007.

［18］申艳光.信息技术基础［M］.西安：西安电子科技大学出版社,2003.

［19］谭志云.在物理教学中实现有效教学的策略研究［D］.长沙：湖南师范大学,2006.

［20］维果斯基.教育心理学［M］.龚浩然,许高渝,等译.杭州：浙江教育出版社,2003.

［21］文艳平,秦国杰.PBL的理论与实践［M］.北京：中国科学技术出版社,2007.

［22］姚利民.有效教学论：理论与策略［M］.长沙：湖南大学出版社,2005.

［23］张大均.教育心理学［M］.北京：人民教育出版社,1999.

［24］赵珍祥.信息技术条件下中学物理教学研究［D］.长沙：湖南师范大学,2008.

后 记

我是 2005 年通过选聘走上教研员工作岗位的,在这之前已在学校工作了 22 年,教过初、高中物理,担任过教研组长。粉笔的摩擦,书页的翻卷,解题技巧的总结,在教书的岁月中流转。在教学过程中,对经验现象的描述多于对理论的探讨,支离破碎的感悟多于缜密的思考。

走上教研员这个岗位,对我来说是个全新的领域。作为一名基层教研员,如何定位? 这个问题始终萦绕在我心中。带着这个问题,我虚心向老教研员学习,努力学习新课程标准,学习专家有关新课程的论述以及试验区的经验介绍,并经常深入课堂听课,和一线教师交流课改中的成功和不足。通过交流,我发现大部分教师对于这次新课程改革,思想都较为活跃,但认识也较为混乱。换句话说,课程改革的理念促进了物理教学质量的提高,但由于认识不到位,也带来了某些干扰。

作为一名基层教研员,主要面对农村中小学教师。我们这些教师所在的这些学校大多规模较小,教育信息相对闭塞,教育资源相对匮乏。受多种因素的影响,教师培训、观摩的机会较小,教师们大多独自投身于新课程的教学实践中,在教学过程中遇到了困惑也都独自想办法解决,大都不习惯和其他教师交流,也不可能及时得到教育专家的指导。因此,基层教研员要通过自身的努力,使自己具有较高的教育研究设计能力和一定的组织协调能力;要通过示范课、观摩课、教学视导、开放周等形式,引领当地学科的教学方向,培养青年教师的教学思想与教学风气等。

课题研究是促进教师专业成长的有效途径,是教师专业化成长的阶梯,也是教育科研的一个抓手。基于这一点,我们采用了起点较高的方式,先申请了一个省级教研课题。这是我县的第一个省级教研课题,受到省教科研规划办的高度重视。后来,经过几年的潜心研究,首次获得了省优秀教科研成果奖。以后又陆续地做了两个省级课题,都获得了省优秀教科研成果奖。更为重要的是,一大批教师参与了课题研究,并成了本学科的领军人物。吴能平老师就是其中的佼佼者,几年中,他迅速成长为名师、市学科带头人。同时,在该课题研究的带动下,全县掀起了教科研的热潮,几乎所有学校都申请了课题,很多老师参与了其中,这为促进全县教科研的发展,起到了引领、示范的作用。

本书是基于省级课题"信息技术环境下物理有效教学的策略和方法的研究"的研究成果,由陈庆军、吴能平两位老师从纷繁的课题研究材料中,经遴选、加工编著而成,最后由两人共同审稿,校对完成。由于我们的水平有限,研究的范围只限于本县的几所学校,书中难免存在不足,衷心欢迎专家、同行批评指正。

回顾自己的教研生涯,一路走来,风雨兼程,能有今天的成绩,需要感激的人很多。既要感谢课题组全体成员的辛勤付出,他们在课题研究的前期做了大量的工作,课题组成员有于基兵、陶泰寅、徐英勇、方根宝、刘安才、丁开田、任腊梅、傅兰芳;还要感谢博望区教育局、当涂县教育局教研室、丹阳中学、当涂一中、当涂二中的部分领导和老师,他们对本课题的研究给予了大力支持和帮助。

仅就本书的出版而言,特别感谢当涂县教育局领导的大力支持。愿本书的出版起到抛砖引玉的作用,使我县的教科研氛围更加浓厚,大批名师如雨后春笋般涌现,带动我县教育质量稳步上升。

陈庆军

2017年11月